„Führung in kritischen Situationen"

25. Jahrestagung der Plattform e. V. - Menschen in komplexen Arbeitswelten

Wiesbaden

Rudi Heimann & Chris Hörnberger (Hrsg.)

Inhalt

1. Jahrestagungen der Plattform e. V. 11

2. Führung in kritischen Situationen 15

    2.1. Führung 15

        2.1.1. Was bedeutet Führung? 15

        2.1.2. Führen ist nicht gleich führen 17

    2.2. Kritische Situationen 17

        2.2.1. Anforderungen in kritischen Situationen 19

    2.3. Literatur 19

3. Führung in kritischen Situationen – Führung am Limit? 21

    3.1. Vorbemerkung 21

    3.2. Führung wird erforderlich 21

        3.2.1. Vor der Situation 22

        3.2.2. In der Situation 24

        3.2.3. Nach der Situation 29

    3.3. Literaturverzeichnis 31

4. Führung ist nicht gleich Führung 33

    4.1. Einleitung 33

    4.2. Gemeinsamkeiten in der Führung 33

    4.3. Spezifische Eigenschaften von Führung 34

        4.3.1. Führung im Militär 34

        4.3.2. Führung in der Industrie: Zwischen Hierarchie und Innovation 36

        4.3.3. Führung in der Wissenschaft 38

        4.3.4. Führung in der Verwaltung: Struktur trifft auf Dynamik 39

    4.4. Fazit 40

    4.5. Literatur 42

5. Alle(s) im Griff? 43

1. Jahrestagungen der Plattform e. V.

Menschen in Branchen wie der Luftfahrt, chemischen Industrie, Medizin, in den Sicherheitsorganisationen oder anderen Hochrisikobranchen arbeiten in komplexen soziotechnischen Systemen. Die Arbeit in diesen komplexen Systemen unterliegt nicht erst seit den aktuellen gesundheitlichen oder weltpolitischen Krisen besonderen Herausforderungen, die auch an die Führung gestellt werden. Führungskräfte müssen die Rahmenbedingungen kennen und in besonderer Art und Weise ihre Aufgabe wahrnehmen, damit die Organisation und die darin tätigen Menschen handlungsfähig bleiben. In der Regel umfassen die Aufgaben den direkten Schutz bedeutsamer Rechtsgüter wie Leben oder Gesundheit oder aber Fehler und Defizite würden genau diese Rechtsgüter gefährden – so z. B. im Fall eines nuklearen Unfalls, eines Flugzeugabsturzes oder einer misslungenen medizinischen Operation. Der Mensch bleibt dabei das wichtigste Element und steht im Mittelpunkt. Das Individuum zu schützen, handelnde Menschen der Ausführungs- und Führungsebene zu stärken, die richtige Formel im Zusammenhang mit unvermeidlichen Organisationsveränderungen zu finden und diese sachgerecht anzuwenden, sind große Herausforderungen.
Mit diesen Themen beschäftigte sich die 25. Jahrestagung des Vereins Plattform – Menschen in komplexen Arbeitswelten e. V. vom 24. bis 26. Mai 2023 in der hessischen Landeshauptstadt Wiesbaden.

Die Plattform "Menschen in komplexen Arbeitswelten e. V." führt Wissenschaftler und Praktiker aus unterschiedlichen Branchen und Institutionen zusammen. Im Rahmen dieses interdisziplinären Vereins sind Human-Factors-Initiativen aus Luftfahrt, chemischer Industrie, Polizei, Rettungsorganisationen, Hochrisikobranchen, Banken, Psychologie und Organisationsberatung gebündelt.
Der 1999 gegründete, gemeinnützige Verein hat ca. 150 Mitglieder aus Deutschland, Österreich, den Niederlanden, Dänemark und der Schweiz.

Die Ziele des Vereins sind:
- Vernetzung von Human-Factors Experten verschiedener Arbeitsbereiche
- Vermittlung von Human-Factors-Wissen in die Praxis
- Weiterentwicklung von Konzepten und Theorien
- Förderung gemeinsamer Anwendungsprojekte

Bisher beschäftigte sich der Verein vor allem mit folgenden Themen:

- Handeln und Entscheiden in kritischen Situationen
- Führung, Teamarbeit und Kommunikation
- Stabsarbeit
- Kultur und sicheres Handeln
- Automatisierung und ihre Grenzen
- Anforderungen an Human-Factors-Trainer
- Nutzung von Simulatoren für Sicherheitsarbeit
- Sondersituationen: Organisationen verändern – mit Komplexität umgehen lernen

Diese Zusammenstellung ist eine Tagungsdokumentation und kein Ersatz für eine tiefergehende Betrachtung der einzelnen Themenstellungen. Hierzu hat die Plattform umfangreich veröffentlicht.

Die Jahrestagungen finden grundsätzlich einmal im Jahr statt und Gäste sind mehr als willkommen. Wir freuen uns sehr auf den Austausch mit Ihnen.

Die nächste Jahrestagung 2024 wird in München, der Landeshauptstadt Bayerns, ausgerichtet und beschäftigt sich im Kern mit Fragen rund um Aus- und Fortbildung für komplexe Situationen.

Die Plattform mit ihrem aktuellen Programm finden Sie hier:
www.plattform-ev.de

Rudi Heimann & Chris Hörnberger
Frankfurt am Main, November 2023

Plattform **Menschen in komplexen Arbeitswelten** e. V.

25. Jahresworkshop 2023

„Führung in kritischen Situationen"

24. bis 26. Mai 2023 in Wiesbaden

Programm

Mittwoch, 24. Mai 2023

17:30 Uhr   Registrierung (bis 18:15 Uhr), Hessisches Innenministerium, Konferenzsäle

18:30 Uhr   Auftakt/Treffpunkt: Foyer Konferenzsäle, Hessisches Innenministerium

19:00 Uhr   Social Event: „Bowling with friends", Citybowling, Frankfurter Straße 30 in Wiesbaden
Fingerfood-Buffet - Mexican Style auf Einladung der Plattform (Getränke Selbstzahler)

Donnerstag, 25. Mai 2023 – Parallele Möglichkeit für Postersession

08:00 Uhr   Registrierung (bis 08:45 Uhr), Hessisches Innenministerium, Konferenzsäle

09:00 Uhr   Begrüßung und Einführung

        Führung in kritischen Situationen – Führung am Limit?
(Dr. Gesine Hofinger & Rudi Heimann, Vorstand Plattform Menschen in komplexen Arbeitswelten e. V.)

09:30 Uhr   Vorträge mit Diskussion

09:30 Uhr   **Führung ist nicht gleich Führung: Gemeinsamkeiten und Unterschiede von Führung in unterschiedlichen Arbeitswelten** (u. a. Militär, Industrie, Wissenschaft u. Verwaltungen)
(Prof. Dr. Harald Schaub, IABG München)

10:00 Uhr   Pause

10:30 Uhr   **Alle(s) im Griff? High Performance Leadership in kritischen Situationen** - Erkenntnisse aus Hochleistungsteams der Luftfahrt, Luftrettung sowie spezialisierten Polizeieinheiten
(Tamara Jäger, Hochschule Coburg)

11:00 Uhr   **‚Checklist & Procedure' – Führungswerkzeug der Luftfahrt in kritischen Situationen**
(capt. Ret. Peter Beer, crew-resource-management.eu)

11:20 Uhr   **Führung im Krisenmanagement nach der neuen DIN ISO 22361 – ein hilfreicher Beitrag durch einen internationalen Standard?**
(Dr. Martin Schnauber & Dr. Klaus Bockslaff, Verismo Consulting GmbH)

11:45 Uhr   Vorstellung der Arbeitsgruppen

12:00 Uhr   Mittagessen & Mitgliederversammlung (ab 12:45 Uhr, Konferenzsäle)

        Vorträge mit Diskussion

14:15 Uhr   **Komplexitätstoleranz und Ambiguitätstoleranz als persönliche Kompetenz für Führungskräfte und Team**
(Friederike Strub, Supervision, Coaching & Organisationsentwicklung & Sarah Boost, Coach & Beraterin)

14:50 Uhr   **Unerwartete Herausforderungen in Projekten erfolgreich managen – Erfahrungen aus der Human-Factors-, Hochsicherheits- & Resilienzforschung**
(Dr. Edgar Weiss, Fachhochschule des BFI Wien für Wirtschaft, Management und Finance)

15:15 Uhr   **Methoden: Führungstätigkeiten für souveränes und wiederholbares Handeln in kritischen Situationen**
(Dr. Dominic Gißler, Professur für Führung im Bevölkerungsschutz an der Akkon Hochschule für Humanwissenschaften, Berlin)

15:40 Uhr	**25 Jahresworkshops – Eine Rückschau** (Dr. Gesine Hofinger, Vorstand Plattform e. V.)
16:00 Uhr	Kaffeepause
16:30 Uhr	Exkursionen

1. **Deutsche Flugsicherung** (Langen) **– Vorstellung der Arbeit & Entscheidungsszenarien**
(Daniel Klein, Deutsche Flugsicherung)

2. **Landeskrisenstabes Hessen** (Wiesbaden) **– Vorstellung Lagezentrum & Arbeitsprozesse**
(Harald Ecker, Hessisches Ministerium des Innern und für Sport)

3. **Simulator Zentrum der Berufsfeuerwehr Frankfurt a. M.** (Frankfurt a. M.)
(Marcus Brinkmann, Feuer- und Rettungswache 2)

4. **Führungsstab und Leitstelle des Polizeipräsidiums Westhessen** (Wiesbaden)
(Tobias Erler, Hessisches Landeskriminalamt)

19:30 Uhr	Abendveranstaltung:	Restaurant & Bar 60/40, Murnaustr. 1 in Wiesbaden auf Einladung der Plattform (Getränke Selbstzahler)

Freitag, 26. Mai 2023 – Parallele Möglichkeit für Postersession

09:00 Uhr	Begrüßung – Peter Beuth, Hessischer Staatsminister des Innern und für Sport
	Vorträge mit Diskussion
09:15 Uhr	**Führung in interkulturellen Teams** (Prof. Dr. Stefan Strohschneider, Friedrich-Schiller-Universität Jena)
09:50 Uhr	**Moderne Führung muss zu den Menschen passen. Wie bringt man einen vertrauensvollen Führungsstil in die Praxis?** (Dr. med. Walter Schlittenhardt, ehemals Alb Fils Kliniken Göppingen)
10:15 Uhr	Kaffeepause
10:45 Uhr	Parallele Arbeitsgruppen **AG 1: Sichtungstraining für Großschadensereignisse in Virtuell Reality** (Dr. med. Mark Weinert, StellDirVor)
	AG 2: Dezentrale Führung in kritischen Situationen – möglich, nötig oder geht nicht? (Dr. Gesine Hofinger, Team HF - Hofinger, Künzer & Mähler PartG & Franziskus Bayer, TÜV Rheinland AG)
	AG 3: Führung in hochkritischen ad hoc-Situationen. Wer geht noch voran? (Rudi Heimann, Polizei Hessen & Chris Hörnberger; Hessisches Ministerium des Innern und für Sport)
	AG 4: Führungskräfte qualifizieren – aber wie? Können Organisationen voneinander lernen? (Matthias Gahlen, Ingenieurbüro Gahlen & Dr. Helfried Waleczek, Elisabeth Krankenhaus Recklinghausen, St. Franziskus Stiftung Münster)
12:45 Uhr	Mittagessen
13:30 Uhr	Speakers Corner
	Vorträge mit Diskussion
13:50 Uhr	**Krisen, agiles Projektmanagement und Projektuhrwerk** (Dr. Eberhard Huber, pentaeder Ludwigsburg)
14:10 Uhr	**Schutzgüter und Schutzziele als Mittel der Führung** (Dr. Cleo Becker, pentaeder Ludwigsburg)
14:30 Uhr	**Methodenansatz: Auswertung menschlicher Faktoren in der Stabsarbeit** (Sven W. Garbe, M.Sc.)
14:50 Uhr	Abschluss im Plenum mit Kaffee

2. Führung in kritischen Situationen

Dr. Gesine Hofinger
gesine.hofinger@team-hf.de
Team HF – Hofinger, Künzer & Mähler PartG, Ludwigsburg

2.1. Führung

2.1.1. Was bedeutet Führung?

Zunächst zum Begriff des Führens: Trotz ubiquitärer Verwendung gibt es keine einheitliche Definition. Beispiele für Zugänge zum Begriff des Führens in verschiedenen Feldern sind in Abbildung 2.1 dargestellt. Führen ist ein **Bewegungswort**. Es steht im Zusammenhang mit ‚fahren machen' (in Bewegung bringen) und ist so schon im Mittelhochdeutsch (vüeren) zu finden (Duden online, 2023). Auch die englische Entsprechung „to lead" transportiert diesen Bewegungsaspekt: leiten, vorangehen, in Gang setzen.

In Einsatzorganisationen wird gern die Definition nach der Feuerwehr Dienstvorschrift 100 genannt, die auf zielgerichtete Beeinflussung fokussiert: „**andere** zu **veranlassen**, das zu tun, was **zur Erreichung des gesetzten Zieles** erforderlich ist." (Ausschuss für Feuerwehrangelegenheiten, Katastrophenschutz und zivile Verteidigung [AFKzV], 1999). Diese Definition beinhaltet zentrale Aspekte von Führung:

- „andere" – es gibt also eine Interaktion
- „veranlassen" – es wird ein Einfluss ausgeübt,
- „Ziel" – der Einfluss ist nicht beliebig, hat einen Bezugspunkt

In der österreichischen Richtlinie für Führen im Katastrophenschutz (2007) wird die Person, die führt in den Mittelpunkt gestellt: „Erfolgreiches Führungsverhalten basiert insbesondere auf der Fähigkeit, gegenseitiges **Vertrauen** herzustellen; auf entsprechender **fachlicher und sozialer Kompetenz**; auf der Fähigkeit zum raschen, entschlossenen und verantwortungsbewussten **Handeln**."

In der Führungspsychologie gibt es sehr viele unterschiedliche Definitionen, die die Art der Beeinflussung, die Zielerreichung, Aspekte der Beziehung, der Bedeutungszuschreibung und der Legitimierung in den Blick nehmen. Die Vielfalt der sozialen und psychologischen Prozesse im Begriff der Führung zeigen die folgenden Definitionen, die nach Blessin & Wick (2021, Kap. 1) zitiert werden:

- der Versuch [...], **Einfluss** zu nehmen, um Gruppenmitglieder zu einer Leistung und damit zum Erreichen von **Gruppen- oder Organisationszielen** zu motivieren. Einfluss kann definiert werden als **Veränderung** in **den Einstellungen, Werten, Überzeugungen und Verhaltensweisen** von Zielpersonen als Ergebnis von Einflussbemühungen der Führungsperson" (Weinert, 2004)
- „durch Interaktion vermittelte Ausrichtung des Handelns von Individuen und Gruppen auf die **Verwirklichung vorgegebener Ziele**; beinhaltet **asymmetrische soziale Beziehungen** der Über- und Unterordnung" (Maier & Bartscher, 2013)
- „Führung soll heißen, Anweisungen zu geben, die befolgt werden, **weil** die Untergebenen **sich mit ihnen identifizieren**" (Baecker, 1994)
- „Führung [kann man sehen] als den Prozess, der dazu führt, von anderen **als Führungskraft wahrgenommen zu werden**" (Lord & Maher, 1991)
- „Nach unserer Auffassung ist das Wesen organisationaler Führung der **Einflussüberschuss** über die mechanische Befolgung der Routinedirektiven der Organisation hinaus " (Katz & Kahn, 1978).

Kernpunkte von Führung

Aus diesen und weiteren Definitionen lassen sich Bestimmungselemente für Führung identifizieren:

- Führung ist ein Prozess der Interaktion zwischen Führenden und Geführten.
- Diese Interaktion beruht auf (wenigstens ansatzweise) geteilten Zielen.
- Führung beeinflusst die Geführten und zielt auf eine Veränderung von Verhalten oder Einstellungen.
- Führung findet meist im Rahmen einer Organisation statt.
- Sie wird (nur) für nicht bereits geregelte Prozesse/Verhalten benötigt – was geregelt ist oder quasi automatisch abläuft, bedarf keiner Führung.
- Führung ist transparent. Führende und Geführte wissen um den Führungsprozess (was Führung von Manipulation abgrenzt)
- Führung bedarf der Legitimation durch Aufgabe, Rolle oder Position. Diese Rolle wird der Führungsperson zugestanden.
- Führung beruht auf einer grundsätzlichen Freiwilligkeit, das unterscheidet sie von Machtbeziehungen. Geführte können prinzipiell die Gefolgschaft verweigern (wenn sie die Konsequenzen der Verweigerung in Kauf nehmen).

2.1.2. Führen ist nicht gleich führen

Verschiedene Ebenen einer Organisation haben verschiedenen Führungsaufgaben – dies gilt im Alltag wie in der Krise, im Büro wie im Einsatz. Abbildung 1 zeigt Beispiele für Führungsaufgaben auf operativer, strategischer und normativer Ebene (inspiriert von Grote, 2012).

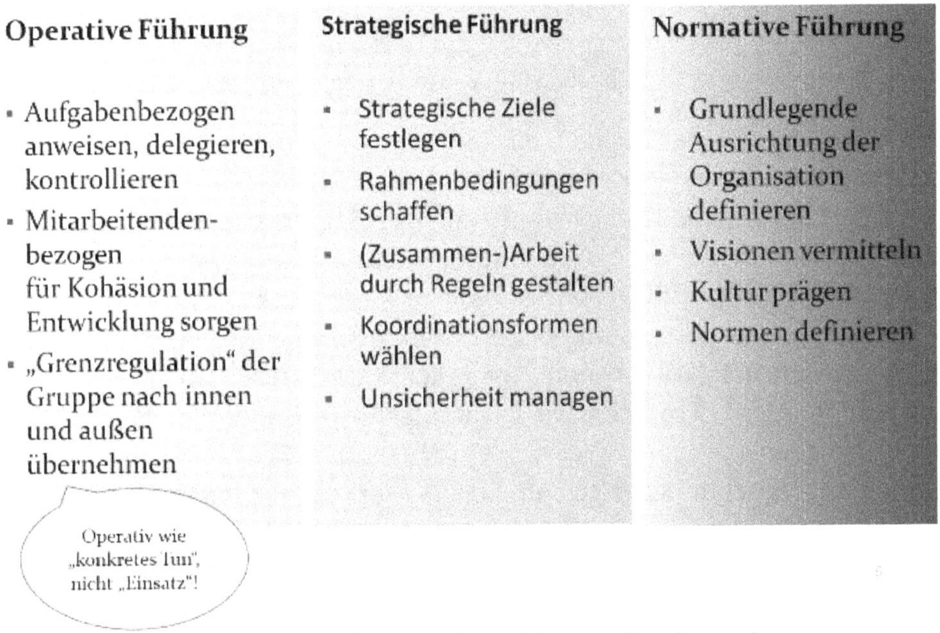

Operative Führung	Strategische Führung	Normative Führung
• Aufgabenbezogen anweisen, delegieren, kontrollieren	• Strategische Ziele festlegen	• Grundlegende Ausrichtung der Organisation definieren
• Mitarbeitenden-bezogen für Kohäsion und Entwicklung sorgen	• Rahmenbedingungen schaffen	
	• (Zusammen-)Arbeit durch Regeln gestalten	• Visionen vermitteln
• „Grenzregulation" der Gruppe nach innen und außen übernehmen	• Koordinationsformen wählen	• Kultur prägen
	• Unsicherheit managen	• Normen definieren

Operativ wie „konkretes Tun", nicht „Einsatz"!

Abb. 2.1: Beispiele für Führungsaufgaben auf verschiedenen Handlungsebenen.

2.2. Kritische Situationen

Im Workshop wurde die Führung in kritischen Situationen thematisiert. Handeln in kritischen Situationen steht seit vielen Jahren im Zentrum der Aktivitäten der Plattform e.V.

Für ein gemeinsames Verständnis wurde 1999 ein Konzept kritischer Situationen erarbeitet, das in Abbildung 1 dargestellt wird (Badke-Schaub, Buerschaper & Hofinger, 1999): Kritische Situationen sind solche, deren Ausgang die **weitere Entwicklung** eines Prozesses **bestimmt**. Sie sind also **entscheidend** für den Verlauf eines Vorhabens (positiv oder negativ). Die Situation und damit die Entwicklungsänderung wird entweder **aktiv** von den jeweiligen Akteuren bewirkt oder durch die **Eigendynamik des Gesamtsystems**.

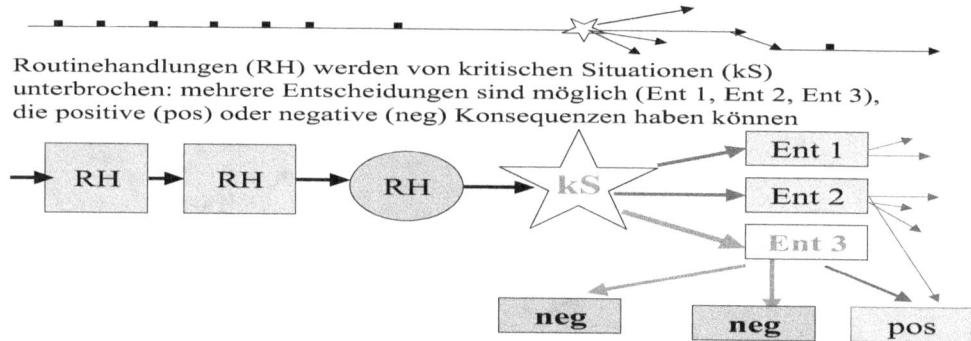

Abb. 2: Konzept der kritischen Situation (aus Badke-Schaub, Buerschaper & Hofinger, 1999).

Kritischer Situationen sind also strukturell durch **Offenheit** und **Entscheidungsbedarf** gekennzeichnet. Damit müssen sie nicht negativ konnotiert sein – eine Narkoseeinleitung ist z.B. eine kritische Situation, die durch die handelnden Personen (die Anästhesistin) gestartet wird und wahrscheinlich zu positiven Führt. Im Alltagssprachgebrauch, aber auch in der Literatur wird jedoch häufig ein Verständnis von kritischen Situationen gefunden, welches „kritisch" mit „gefährlich" oder „krisenhaft" gleichsetzt. In diesem werden Aspekte wie **Komplexität, Gefahr** und **Zeitdruck** hervorgehoben.

Aus psychologischer Sicht haben Krisen Merkmale komplexer Probleme. Merkmale von Komplexität sind (Dörner, Kreuzig, Reither & Stäudel, 1983; Weyer, 2009):

- Großer **Umfang** des Problems, viele Variablen im System: Die Elemente und die Relationen zwischen ihnen im System sind sehr zahlreich.

- **Vernetztheit**: Die einzelnen Elemente beeinflussen sich gegenseitig auf vielfältige und teils unvorhersehbare Art und Weise. Der Begriff „vernetzt" wurde von Vester (u.a. 1999) für die Beschreibung ökologischer Systeme geprägt. Aber auch soziale Abhängigkeiten können als Vernetztheit verstanden werden.

- Umfang und Vernetztheit führen zu **Intransparenz**: Es ist nicht möglich, das System oder die Situation in der Tiefe zu verstehen und Entwicklungen präzise vorauszusagen. Viele Informationen sind noch nicht verfügbar, andere prinzipiell nicht.

- **Eigendynamik**: Die Situation entwickelt sich ohne Zutun des Akteurs weiter, durch die Vernetzungen im System entstehen unerwartete Effekte.

- **Zeitverzögerungen**: Wirkungen von Handlungen sind nicht sofort erkennbar. Dies führt dazu, dass die weitere Entwicklung schlecht prognostizierbar ist.

- **Irreversibilität**: Entwicklungen sind bisweilen unumkehrbar, das System kann nicht in den Ausgangszustand zurückgesetzt werden.
- Meist sind **viele Akteure** beteiligt, und damit einhergehend sind Zielkonflikte unvermeidbar.

2.2.1. Anforderungen in kritischen Situationen

Diese Merkmale führen dazu, dass kritische Situationen an die Handelnden und insbesondere die Führungspersonen, vielfältige **Anforderungen** stellen (vgl. Hofinger & Zinke, 2014; Hofinger, 2022).

Es gibt keine Standardlösung, die Situation ist für die Handelnden (in Teilen) neu und **unbekannt**. Der (wahrgenommene) **Zeitdruck** führt in Verbindung mit **fehlendem Wissen** und unklare Handlungsmöglichkeiten zu Stress. Dennoch – oder gerade deshalb – muss ein **Situationsverständnis** gewonnen und die Entwicklung **antizipiert** werden. Ziele müssen gesetzt und **Prioritäten** definiert werden. Zugleich braucht das Team braucht Aufmerksamkeit und eigener Stress und Emotionen müssen reguliert werden.

Damit unterscheidet sich Führung in kritischen Situationen, wie es in den folgenden Kapiteln beleuchtet wird, deutlich von (Personal-)Führung im Alltag.

2.3. Literatur

Ausschuss für Feuerwehrangelegenheiten, Katastrophenschutz und zivile Verteidigung. (1999). Feuerwehr-Dienstvorschrift 100. Führung und Leitung im Einsatz - Führungssystem. FwDV 100.

Badke-Schaub, P., Buerschaper, C. & Hofinger, G. Merkmale kritischer Situationen. Vortrag beim Workshop „Kritische Situationen", Plattform "Menschen in komplexen Arbeitsumwelten e.V.", Radebeul, 14.-15.10.1999.

Blessin, B. & Wick, A. (2021). Führen und führen lassen. Ergebnisse, Kritik und Anwendungen der Führungsforschung. München: Beck UTB.

Bundesministerium für Inneres. (2007). Richtlinien für das Führen im Katastropheneinsatz. Verfügbar unter: https://www.bmi.gv.at/204/Download/files/Richtlinie_fuer_das_Fuehren_im_Kat-Eneinsatz_Letztfassung_BF_20200122.pdf

Dörner, D., Kreuzig, H. W., Reither, F. & Stäudel, T. (1983). Lohhausen: Vom Umgang mit Unbestimmtheit und Komplexität. Bern: Huber.

Duden online (2023). Führen. https://www.duden.de/rechtschreibung/fuehren#herkunft (zugriff 09.10.2023).

Grote, G. (2012). Grote, G. (2012). Führung. In P. Badke-Schaub, G. Hofinger & K. Lauche (Hrsg.), Human Factors. Führung. In P. Badke-Schaub, G. Hofinger & K. Lauche (Hrsg.), Human Factors: Psychologie sicheren Handelns in Risikobranchen (2., überarb. Aufl., S. 189–204). Berlin: Springer.

Hofinger, G. (2022). Krise, Komplexität, VUCA und BANI – Grundbegriffe zur Einführung. In R. Heimann & C. Hörnberger (Hrsg.), Langfristige Sondersituationen: Organisationen verändern – mit Komplexität umgehen lernen (S. 11–18). Eigendruck.

Hofinger, G. & Zinke, R. (2014). Menschliches Handeln in Krisen – Fallstricke für Sicherheit. Zeitschrift für Außen- und Sicherheitspolitik ZfAS, 7(2), 145–158.

Weyer, J. Dimensionen der Komplexität und Perspektiven des Komplexitätsmanagements. In J. Weyer & I. Schulz-Schaeffer (Hrsg.), Management komplexer Systeme: Konzepte für die Bewältigung von Intransparenz, Unsicherheit und Chaos (S. 3–19). München: Oldenbourg Wissenschaftsverlag.

3. Führung in kritischen Situationen – Führung am Limit?

Rudi Heimann
rudi.heimann@t-online.de
Polizeivizepräsident, Polizeipräsidium Südhessen

3.1. Vorbemerkung

Dieser Beitrag stellte den zweiten Teil des Einführungsvortrags dar und schloss sich direkt an den vorhergehenden Beitrag an.

3.2. Führung wird erforderlich

Ein der Realität entnommenes Beispiel (Abb. 1) einer kritischen Ausgangssituation, in der eine Entscheidung gefällt werden muss, bildet die Grundlage für den zweiten Teil des Einführungsvortrages. In dieser Entscheidung geht es primär um die Frage, ob die Herstellerfirma für Kraftfahrzeuge aktiv mit der Information über das hängende Gaspedal an die Öffentlichkeit geht oder wartet, bis die Medien durch andere Umstände auf den Sachverhalt aufmerksam werden.

Das Gaspedal

Sie sind im Vorstand eines Autoherstellers. Ihnen wird mitgeteilt, das es Probleme mit dem Gaspedal (*es verklemmt sich, keine Personenschäden, 2.447 Fahrzeuge unterschiedlicher Modellreihen*) **gibt, dies wird zu einer Rückrufaktion führen...**

...im Zuge der weiteren Entwicklung ist zu entscheiden:

Abb. 3.1: Kritische Entscheidung

Im Jahr 2010 musst der damals weltgrößte Hersteller von Autos – Toyota – 2,3 Millionen Fahrzeuge zurückrufen. Die Firma wusste bereits über Wochen von dem Defekt und behielt die Informationen zunächst für sich. Mindestens 19 Menschen starben durch den Defekt und ein sehr hoher materieller Schaden entstand.

Diese Entscheidungssituation bietet grundsätzlich nahezu alle im ersten Teil des Vortrags dargestellten Faktoren einer kritischen Situation ab.
Die Möglichkeiten, mit denen Führung unterstützt werden kann, werden in der Systematik vor, während und nach der Situation skizziert.

3.2.1. Vor der Situation

In komplexen Situationen, in denen schwierige Entscheidungen zu treffen sind, ist die Unterstützung der Führungskräfte von entscheidender Bedeutung, um effektive Lösungsansätze zu finden und eine gesunde Organisationskultur aufrechtzuerhalten. Dabei spielen verschiedene Aspekte eine wichtige Rolle, um sicherzustellen, dass Führungskräfte angemessen auf diese Herausforderungen reagieren können. Diese Maßnahmen können bereits bei der Personalauswahl beginnen und sich bis zu einem etablierten Meldesystem für potenzielle Risiken erstrecken.

Unterstützung von Führung – **vor** der Situation

Auswahl, Aus- und Fortbildung
- Entscheidungs- und Problemlösefähigkeit
- Kommunikation
- Flexibilität und Anpassungsfähigkeit
- Teamführung
- Verantwortungsbereitschaft
- Fachliches Wissen

Resilienzsteigerung
- Selbstreflektion/Coaching
- CIRS

Abb. 3.2: Vor der Situation

Ein effektiver Ansatz, um Führungskräfte in komplexen Situationen zu unterstützen, beginnt bereits bei der Personalauswahl. Die Identifizierung von Kandidaten mit Fähigkeiten zur strategischen Planung, Entscheidungs-findung und Krisenmanagement ist von entscheidender Bedeutung. Zudem sollte eine offene Haltung für lebenslanges Lernen und kontinuierliche Weiterentwicklung vorhanden sein, um sicherzustellen, dass Führungskräfte sich stetig den sich wandelnden Anforderungen anpassen können.

Ein Schwerpunkt liegt auf der Förderung von Offenheit für Simulationen und der Anerkennung des Wertes kritischer Lernerfahrungen. Durch die Bereitstellung von Simulationsübungen, die komplexe Szenarien nachbilden, können Führungskräfte die Fähigkeit entwickeln, unter Druck fundierte Entscheidungen zu treffen und gleichzeitig ihre Fähigkeit zur Anpassung und Flexibilität zu stärken.

Führungskräfte sollten sich in der Fähigkeit üben, mit Unbestimmtheit umzugehen und bereit sein, Pläne neu zu überdenken oder anzupassen, wenn sich die Umstände ändern. Dies erfordert die Entwicklung von Resilienz und Anpassungsfähigkeit, um auf unvorhersehbare Ereignisse angemessen reagieren zu können, ohne dabei das langfristige Ziel aus den Augen zu verlieren.

Ein weiterer wichtiger Aspekt ist die Förderung von Delegationsfähigkeiten und effektiver Teamarbeit. Führungskräfte sollten in der Lage sein, Aufgaben und Verantwortlichkeiten angemessen zu delegieren, um Ressourcen optimal zu nutzen und gleichzeitig das Potenzial jedes Teammitglieds voll auszuschöpfen. Eine Kultur des Vertrauens und der Zusammenarbeit ist entscheidend, um das volle Potenzial der Teammitglieder zu entfalten und gemeinsam innovative Lösungen zu erarbeiten.

Zusätzlich ist die Einrichtung eines Meldesystems für potenzielle Risiken hilfreich, um sicherzustellen, dass Führungskräfte frühzeitig auf potenzielle Probleme oder Herausforderungen aufmerksam gemacht werden. Dies fördert eine proaktive Herangehensweise an mögliche Schwierigkeiten und ermöglicht es der Führung, angemessen zu intervenieren, bevor sich ernsthafte Hindernisse entwickeln.

Insgesamt hängt die erforderliche Unterstützung der Führungskräfte in komplexen Situationen nicht nur von ihren persönlichen Fähigkeiten ab, sondern auch von einer unterstützenden Organisationskultur, die kontinuierliches Lernen und eine offene Kommunikation fördert. Durch eine gezielte Entwicklung und Implementierung von Maßnahmen, die die genannten Aspekte berücksichtigen, können Organisationen sicherstellen, dass ihre Führungskräfte in der Lage sind, auch in den anspruchsvollsten Situationen effektiv zu agieren und erfolgreich zu führen.

3.2.2. In der Situation

Durch die Implementierung bestimmter Maßnahmen und Strategien können Organisationen sicherstellen, dass ihre Führungskräfte in der Lage sind, in solchen herausfordernden Szenarien effektiv zu agieren und angemessen zu reagieren.

Die Schaffung eines Krisenreaktionsteams ist ein wesentlicher erster Schritt, um die Führung in komplexen Situationen zu unterstützen. Dieses Team sollte aus erfahrenen Fachleuten bestehen, die über das erforderliche Fachwissen und die Fähigkeiten verfügen, um in Krisensituationen schnell zu handeln und angemessen zu reagieren. Die Teammitglieder sollten in der Lage sein, effektiv zu kommunizieren und kooperativ zusammenzuarbeiten, um eine koordinierte Reaktion auf die Krise zu gewährleisten. Die Einrichtung eines Krisenreaktionsteams bietet nicht nur eine Unterstützungsstruktur, sondern ermöglicht auch eine kollektive Entscheidungsfindung und Problemlösung. Indem verschiedene Perspektiven und Fachkenntnisse zusammengebracht werden, kann das Team eine breitere Sicht auf das Problem bieten und effektive Lösungen entwickeln. Diese Form des Teams ermöglicht es der Führungsperson, nicht isoliert zu handeln, sondern auf die Expertise und Erfahrung anderer vertrauen zu können.

Die Entwicklung eines umfassenden Krisenmanagementplans kann gewährleisten, dass die Führungskräfte über klare Richtlinien und Strategien verfügen, um angemessen zu reagieren. Der Plan sollte potenzielle Risiken und Bedrohungen identifizieren, klare Rollen und Verantwortlichkeiten festlegen und klare Handlungsanweisungen für den Umgang mit verschiedenen Szenarien bereitstellen. Die regelmäßige Aktualisierung und Überprüfung des Krisenmanagementplans ist ebenfalls wichtig, um sicherzustellen, dass er aktuellen Herausforderungen und Anforderungen gerecht wird. Ein solcher Plan kann die Führungsperson dabei unterstützen, klare Prioritäten und Ziele zu setzen, potenzielle Risiken zu antizipieren und angemessene Maßnahmen zur Bewältigung der Krise zu ergreifen. Dies bietet nicht nur einen Handlungsleitfaden, sondern auch ein Gefühl der Sicherheit und Kontrolle in einer angespannten Situation.

Die Einrichtung klarer und effektiver Kommunikationskanäle und -protokolle ist unerlässlich, damit Führungskräfte in der Lage sind, in Krisensituationen schnell und präzise zu kommunizieren. Es ist wichtig, klare Verfahren für die interne und externe Kommunikation festzulegen, um sicherzustellen, dass relevante Informationen schnell an die richtigen Stakeholder weitergeleitet werden. Die Förderung einer offenen und transparenten Kommunikationskultur ist ebenfalls wichtig, um das Vertrauen der Mitarbeiter zu erhalten und eine effektive Zusammenarbeit zu gewährleisten.

Unterstützung von Führung – **in** der Situation I

Organisatorische Bedingungen

- Kultur der Offenheit und Transparenz

- Ressourcen

- Klare Rollen und Verantwortlichkeiten

- Krisenmanagementstrukturen

- Krisenmanagementprozesse

- Lernkultur

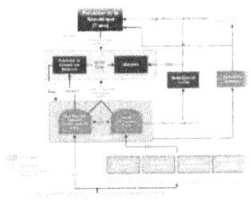

Abb. 3.3: In der Situation I

In Zeiten erhöhten Drucks und Stress ist es wichtig, dass die Führungsperson auf ihre eigene Selbstfürsorge und Resilienz achtet. Durch die Förderung von Selbstfürsorgestrategien wie regelmäßiger Bewegung, gesunder Ernährung und ausreichendem Schlaf kann die Führungsperson ihre körperliche und emotionale Gesundheit erhalten. Die Entwicklung von Resilienzstrategien, wie zum Beispiel die Fähigkeit, Probleme zu bewältigen und sich an Veränderungen anzupassen, ist ebenfalls entscheidend, um die psychische Widerstandsfähigkeit zu stärken und die Führungsperson in schwierigen Zeiten zu unterstützen.

Eine offene Fehlerkultur, die es Mitarbeitern ermöglicht, aus Fehlern zu lernen und Verbesserungen vorzunehmen, ist essentiell, um die Führungsperson bei schwierigen Entscheidungen zu unterstützen. Indem die Organisation eine Umgebung fördert, in der Fehler als Lernchancen betrachtet werden und nicht als Schande, wird die Führungsperson dazu ermutigt, mutige Entscheidungen zu treffen und innovative Lösungen zu entwickeln, ohne Angst vor negativen Konsequenzen im Falle eines Fehlers haben zu müssen.

Eine Kultur der Offenheit und Transparenz stellt sicher, dass die Führungskräfte die erforderlichen Informationen erhalten, um fundierte Entscheidungen zu treffen. Indem eine Atmosphäre geschaffen wird, in der offene Kommunikation und der freie Austausch von Informationen gefördert werden, können potenzielle Missverständnisse und Hindernisse vermieden werden. Eine solche Kultur fördert auch das Vertrauen und die Zusammenarbeit innerhalb des Teams und ermöglicht es den Mitarbeitern, sich sicher zu fühlen, ihre Bedenken zu äußern und konstruktives Feedback zu geben.

Die Bereitstellung angemessener Ressourcen stellt sicher, dass die Führungskräfte die Unterstützung erhalten, die sie benötigen, um komplexe Herausforderungen zu bewältigen. Dies umfasst sowohl finanzielle Ressourcen als auch technische Unterstützung, um sicherzustellen, dass die Führungskräfte über die erforderlichen Werkzeuge und Technologien verfügen, um ihre Arbeit effektiv zu erledigen. Darüber hinaus können Schulungen und Fortbildungen dazu beitragen, dass die Führungskräfte über die erforderlichen Kenntnisse und Fähigkeiten verfügen, um mit komplexen Situationen umzugehen und angemessene Entscheidungen zu treffen.

Die Festlegung klarer Rollen und Verantwortlichkeiten führt dazu, dass die Führungskräfte genau verstehen, welche Aufgaben und Verantwortlichkeiten ihnen zugewiesen sind. Durch die Festlegung klarer Erwartungen und Ziele können die Führungskräfte gezielt auf bestimmte Ziele hinarbeiten und sich darauf konzentrieren, die erforderlichen Maßnahmen zu ergreifen, um diese Ziele zu erreichen. Klare Rollen und Verantwortlichkeiten tragen auch dazu bei, die Effizienz und Effektivität der Führungskräfte zu verbessern und die Gesamtleistung des Teams zu steigern.

Unterstützung von Führung – in der Situation II

Personale Bedingungen der Führung

- Kommunizieren
- Kollaborieren
- Priorisieren und Entscheiden
- Delegieren
- Unterstützen
- Empathie zeigen
- Überwachen und Anpassen

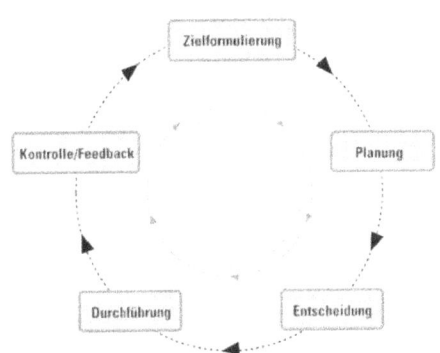

Abb. 3.4: In der Situation II

Durch eine gemeinsame Sprache sind Führungskräfte in der Lage, effektiv zu kommunizieren und ein gemeinsames Verständnis für die Herausforderungen und Ziele zu entwickeln. Dies bedeutet nicht nur, dass die Führungskräfte in der Lage sein sollten, sich klar und präzise auszudrücken, sondern auch, dass sie in der Lage sein sollten, die Sprache der Mitarbeiter und anderer relevanten Stakeholder zu verstehen. Eine gemeinsame Sprache schafft Vertrauen und fördert eine offene und kooperative Arbeitsumgebung. Führungskräfte benötigen ein tiefes Verständnis der organisatorischen Strukturen, Prozesse und Dynamiken sowie der externen Umgebung und des Branchenkontexts. Durch ein fundiertes Wissen über das System können Führungskräfte fundierte Entscheidungen treffen und effektive Strategien entwickeln, um die Herausforderungen zu bewältigen.

Die Bereitschaft zur Übernahme von Führungsverantwortung mündet in Vertrauen und Unterstützung durch die Mitarbeiter. Dies erfordert nicht nur die Fähigkeit, Entscheidungen zu treffen und Verantwortung zu übernehmen, sondern auch die Bereitschaft, sich aktiv in schwierigen Situationen zu engagieren und das Team zu motivieren. Eine starke Führungsbereitschaft trägt dazu bei, das Vertrauen und die Loyalität der Mitarbeiter zu stärken und die Gesamtleistung des Teams zu verbessern.

Das Wissen um Methoden des strukturierten Entscheidens lässt Führungskräfte einen systematischen und methodischen Ansatz bei der Entscheidungsfindung verfolgen. Dies umfasst die Anwendung von bewährten Entscheidungstechniken, wie beispielsweise die Nutzwertanalyse, die Entscheidungsbaumtechnik und die Szenarioplanung, um potenzielle Optionen zu bewerten und die Auswirkungen verschiedener Entscheidungen zu analysieren. Durch die Anwendung strukturierter Entscheidungsmethoden können die Führungskräfte fundierte und gut informierte Entscheidungen treffen, die auf einer gründlichen Analyse und Bewertung beruhen.

Unterstützung von Führung – **in** der Situation III

Personale Bedingungen der Geführten

- Fachlichkeit
- Aktive Mitwirkung
- Zusammenarbeit im Team
- Flexibilität und Anpassungsfähigkeit
- Kommunikation
- Eigenverantwortung und Selbstführung

Abb. 3.5: In der Situation III

Die Berücksichtigung der personalen Bedingungen der geführten Personen kann dazu beitragen, dass die Führungskräfte ein besseres Verständnis für die Bedürfnisse und Erwartungen ihrer Teams entwickeln und angemessene Strategien zur Unterstützung der Mitarbeiter in schwierigen Situationen entwickeln.

Eine klare Kenntnis der Einsatz- und Verantwortungsbereiche ist von entscheidender Bedeutung, um sicherzustellen, dass Mitarbeiter die Erwartungen und Anforderungen an ihre Rolle vollständig verstehen. Indem sie ein klares Verständnis für ihre eigenen Aufgaben und Verantwortlichkeiten haben, können sie sicherstellen, dass sie die erforderlichen Maßnahmen ergreifen, um effektiv zu handeln. Dies kann dazu beitragen, Missverständnisse und Fehlkommunikation zu vermeiden und eine klare und effektive Arbeitsumgebung zu schaffen.

Visualisierungstechniken zu beherrschen und zu nutzen, kann dabei helfen, komplexe Informationen und Daten zu verstehen und zu vermitteln. Durch die Verwendung von visuellen Darstellungen wie Diagrammen, Grafiken und Infografiken können komplexe Zusammenhänge und Zusammenhänge veranschaulicht werden und ein besseres Verständnis für die Situation entstehen. Die Nutzung von Visualisierungstechniken kann auch dazu beitragen, die Kommunikation zu verbessern.

Das Wissen um die richtigen Checklisten und Protokolle stellt sicher, dass die Mitarbeiter in der Lage sind, komplexe Aufgaben und Prozesse systematisch zu verwalten und zu überwachen. Durch die Verwendung von Checklisten werden wichtige Schritte und Maßnahmen nicht übersehen und relevante Aspekte angemessen berücksichtigt. Die Nutzung von Checklisten kann auch dazu beitragen, die Effizienz und Effektivität der Arbeitsabläufe zu verbessern und sicherzustellen, dass Mitarbeiter in der Lage sind, die Qualität und Genauigkeit ihrer Arbeit zu gewährleisten.

Die Fähigkeit, agil zu handeln und sich an veränderte Umstände und Anforderungen anzupassen, bewahrt die Flexibilität. Indem sie eine agile Denkweise und Herangehensweise annehmen, können die Mitarbeiter schnell auf sich ändernde Anforderungen und Herausforderungen reagieren und angemessene Maßnahmen ergreifen, um die bestmöglichen Ergebnisse zu erzielen.

3.2.3. Nach der Situation

Die Reflexion und das Lernen aus eigenen Erfahrungen nach der Situation führt dazu, dass Führungskräfte kontinuierlich ihre Fähigkeiten und ihr Verständnis verbessern. Indem sie regelmäßig über ihre eigenen Erfahrungen reflektieren und analysieren, können die Führungskräfte wichtige Erkenntnisse gewinnen und ihre Herangehensweise an zukünftige Herausforderungen anpassen. Die Fähigkeit zur Selbstreflexion trägt dazu bei, dass die Führungskräfte ein tieferes Verständnis für ihre eigenen Stärken und Schwächen entwickeln und ihre Führungspraxis kontinuierlich verbessern können.

Unterstützung von Führung – **nach** der Situation

Führungskräfte

- Selbstfürsorge
- Reflexion und Lernen
- Feedback
- Unterstützung und Ressourcen
- Förderung von Wachstum und Entwicklung
- Anerkennung und Wertschätzung
- Vertrauen und Delegation

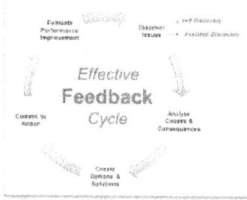

Abb. 3.6: Nach der Situation

Indem sie regelmäßig Feedback von ihren Mitarbeitern, Kollegen und Vorgesetzten einholen, können die Führungskräfte ein besseres Verständnis für ihre Leistung und ihre Wirkung auf andere gewinnen. Das Feedback bietet wertvolle Einblicke und Anregungen, die den Führungskräften helfen können, ihre Stärken zu stärken und an ihren Schwächen zu arbeiten, um ihre Leistungsfähigkeit zu verbessern und ihre Ziele effektiver zu erreichen.

Durch die Zusammenarbeit mit erfahrenen Coaches und Mentoren können die Führungskräfte wertvolle Einblicke und Ratschläge erhalten, die ihnen helfen können, ihre Führungsqualitäten zu stärken und ihre Ziele effektiver zu erreichen. Die Nutzung von Technologien, wie beispielsweise digitalen Lernplattformen und Tools zur Leistungsanalyse, kann den Führungskräften auch dabei helfen, ihre Kenntnisse zu erweitern und ihre Fähigkeiten zu verbessern, um mit den Anforderungen der komplexen Situationen umzugehen.

Die Festlegung klarer Ziele für ihre berufliche Entwicklung und der gezielte Besuch von Schulungen und Seminare, können für Führungskräfte erreichen, dass sie über die neuesten Kenntnisse und Fähigkeiten verfügen, um effektiv mit den Anforderungen der komplexen Situationen umzugehen. Die Weiterbildung trägt auch dazu bei, das Selbstvertrauen der Führungskräfte zu stärken und ihre Fähigkeit zur Bewältigung von Herausforderungen zu verbessern.

Indem sie die Leistungen und Erfolge der Führungskräfte würdigen und anerkennen, können die Organisationen sicherstellen, dass die Führungskräfte sich geschätzt und motiviert fühlen, ihre Leistungsfähigkeit zu steigern und kontinuierlich hervorragende Arbeit zu leisten. Die Anerkennung von Leistungen kann auch dazu beitragen, eine positive und unterstützende Arbeitsumgebung zu schaffen, die das Engagement und die Motivation der Führungskräfte fördert.

Wenn Führungskräften die Freiheit und der Raum gegeben wird, neue Ansätze auszuprobieren und kreative Lösungen zu entwickeln, können Organisationen sicherstellen, dass Führungskräfte motiviert und engagiert bleiben und ihre Leistungsfähigkeit kontinuierlich verbessern. Die Schaffung von Raum zur Entfaltung fördert auch eine Kultur der Innovation und des Wachstums, die es den Führungskräften ermöglicht, neue Fähigkeiten zu entwickeln und ihr Potenzial voll auszuschöpfen.

3.3. Literaturverzeichnis

Boin, A. & Mcconnell , A. (2007). Preparing for Critical Infrastructure Breakdowns: The Limits of Crisis Management and the Need for Resilience. Journal of Contingencies and Crisis Management. 15(1). 50-59.

Boin, A. (2009). The New World of Crises and Crisis Management: Implications for Policymaking and Research. Review of Policy Research. 26(4). 367-377.

Grote, G. (2012). Safety management in different high risk domains All the same? Safety Science. 50(10). 1983-1992.

Kelloway, E. K., Turner, N., Barling, J. & Loughlin, C. (2012). Transformational leadership and employee psychological well being: The mediating role of employee trust in leadership. Work & Stress, 26(1), 39-55.

Lipshitz, R. & Strauss, O. (1997). Coping with uncertainty: A naturalistic decision making analysis. Organizational Behavior and Human Decision Processes. 69(2). 149-163.

Salas, E., Burke, C. S. & Stagl, K. C. (2004). Developing Teams and Team Leaders: Strategies and Principles. In D. V. Day, S. J. Zaccaro & S. M. Halpin Hrsg.). Leader development for transforming organizations: Growing leaders for tomorrow (pp. 325-355). Lawrence Erlbaum Associates Publishers.

4. Führung ist nicht gleich Führung

Prof. Dr. Dr. Harald Schaub
schaub@iabg.de
IABG mbH, Ottobrunn

4.1. Einleitung

Führung ist ein allgegenwärtiger Begriff, der in jeder Organisation und in jedem Bereich unseres Lebens zu finden ist. Doch je nach Arbeitswelt nehmen die Erwartungen und Ansätze zur Führung unterschiedliche Formen an. In diesem Artikel untersuchen wir Gemeinsamkeiten und Unterschiede von Führung in verschiedenen Arbeitsumgebungen, einschließlich Militär, Industrie, Wissenschaft und Verwaltung.

4.2. Gemeinsamkeiten in der Führung

Führung ist ein allgegenwärtiger Begriff, der in jeder Organisation und in jedem Bereich unseres Lebens zu finden ist. Doch je nach Arbeitswelt nehmen die Erwartungen und Ansätze zur Führung unterschiedliche Formen an. In diesem Artikel untersuchen wir Gemeinsamkeiten und Unterschiede von Führung in verschiedenen Arbeitsumgebungen, einschließlich Militär, Industrie, Wissenschaft und Verwaltung.

- **Zielorientierung**: Ob in der Industrie, im Militär oder in der Forschung, Führungskräfte müssen klare Ziele setzen und Teams motivieren, diese Ziele zu erreichen.
- **Kommunikation**: Eine effektive Führungskraft weiß, wie man kommuniziert, sei es, um eine Strategie zu vermitteln, Feedback zu geben oder Konflikte zu lösen.
- **Entscheidungsfähigkeit**: Führungskräfte müssen in der Lage sein, Entscheidungen zu treffen - oft unter Druck und basierend auf unvollständigen Informationen.
- **Menschliches Kapital**: Der Erfolg jeder Organisation hängt von ihrem Team ab. Gute Führungskräfte erkennen und fördern Talente, schaffen Entwicklungsmöglichkeiten und sorgen für eine positive Arbeitskultur.

4.3. Spezifische Eigenschaften von Führung

4.3.1. Führung im Militär

Das Militär steht oft symbolisch für strenge Hierarchie, Disziplin und Befehlsgehorsam. Doch die Realität der Führung im Militär ist weit komplexer und vielschichtiger als diese gängigen Stereotypen vermuten lassen. Im Folgenden wird ein Einblick in die Besonderheiten und die Entwicklung der Führungsstrukturen und -prinzipien im militärischen Kontext gegeben.

Ein Kernelement des Militärs ist seine hierarchische Struktur. Vom einfachen Soldaten bis zum höchsten General gibt es eine klare Befehlskette, die es ermöglicht, Entscheidungen schnell und effizient umzusetzen. Diese Struktur dient dazu, Klarheit in kritischen Situationen zu gewährleisten und sicherzustellen, dass jeder seine Rolle und Verantwortung kennt.

Disziplin ist ein zentrales Merkmal des Militärs. Sie bildet die Basis für das Vertrauen innerhalb eines Teams und stellt sicher, dass Befehle präzise und ohne Zögern umgesetzt werden. In kritischen Situationen, in denen das Leben auf dem Spiel steht, ist diese Disziplin unerlässlich.

Trotz der betonten Hierarchie und Disziplin hat das Militär früh erkannt, dass starre Strukturen nicht immer optimal sind. Daher werden in den letzten Jahren Prinzipen wie "Mission Command" oder „Power tot he edge" diskutiert. Hierbei wird den Untergebenen mehr Autonomie und Entscheidungsfreiheit zugestanden, solange sie im Einklang mit dem übergeordneten Missionsziel stehen. Dies fördert Eigeninitiative und Anpassungsfähigkeit in einem sich ständig verändernden Gefechtsfeld.

Besonders deutlich wird dies in der Ausgestaltung der beiden Ansätze militärischer Führung Befehlstaktik vs. Auftragstaktik (genauer: Führen mit Befehl vs Führen mit Auftrag).

In der Welt des Militärs gibt es zwei grundlegende Ansätze zur Führung und strategischen Planung: die Befehlstaktik und die Auftragstaktik. Beide Taktiken haben ihre eigene Geschichte, Philosophie und Anwendungsgebiete. Sie spiegeln unterschiedliche Ansichten darüber wider, wie Einheiten geführt werden sollten und wie Entscheidungen auf dem Schlachtfeld getroffen werden sollten.

Bei der **Befehlstaktik** handelt es sich um einen Führungsansatz, bei dem Befehle von oben nach unten in der Hierarchie durchgegeben werden. Dieser Ansatz legt Wert auf:

- **Klare Befehle**: Die Führungskraft gibt detaillierte Anweisungen darüber, wie eine Aufgabe ausgeführt werden soll.
- **Geringe Autonomie**: Untergebene haben wenig bis gar keine Flexibilität bei der Ausführung dieser Befehle.
- **Strikte Hierarchie**: Die Befehlskette ist klar und wird strikt befolgt.
- **Vorteile**: Dieser Ansatz kann in Situationen nützlich sein, in denen Präzision und Einheitlichkeit entscheidend sind.
- **Nachteile**: Er kann jedoch in dynamischen Umgebungen, in denen schnelle Anpassungen erforderlich sind, weniger effektiv sein.

Die **Auftragstaktik**, manchmal auch als "Mission Command" bezeichnet, ist ein deutlich flexiblerer Ansatz zur Führung:

- **Grobe Richtlinien**: Statt detaillierter Anweisungen gibt die Führungskraft ein klares Ziel oder eine Mission vor.
- **Hohe Autonomie**: Untergebene haben die Freiheit, zu entscheiden, wie sie dieses Ziel erreichen, basierend auf ihrer Einschätzung der Situation vor Ort.
- **Vertrauen in die Fähigkeiten der Untergebenen**: Dieser Ansatz setzt ein hohes Maß an Vertrauen in die Ausbildung und das Urteilsvermögen der Untergebenen voraus.
- **Vorteile**: Er ermöglicht Flexibilität und schnelle Anpassungen an veränderliche Bedingungen auf dem Schlachtfeld.
- **Nachteile**: Wenn nicht richtig umgesetzt, kann dies zu Unsicherheiten oder inkonsistenten Aktionen führen.

Die Befehlstaktik war in vielen Armeen über Jahrhunderte hinweg der dominierende Ansatz, insbesondere in größeren, hierarchischen Armeen. Die Auftragstaktik hingegen wurde insbesondere durch das preußische und später das deutsche Militär bekannt, das diesen Ansatz in verschiedenen Kriegen erfolgreich einsetzte.

In der modernen Kriegsführung, in der das Schlachtfeld oft unvorhersehbar und dynamisch ist, wird die Auftragstaktik von vielen Armeen bevorzugt, da sie den Einheiten erlaubt, flexibel und anpassungsfähig zu agieren.

Während die Befehlstaktik und die Auftragstaktik zwei sehr unterschiedliche Ansätze zur militärischen Führung darstellen, haben beide ihre eigenen Stärken und Schwächen. Der Schlüssel liegt darin, den richtigen Ansatz für die jeweilige Situation zu wählen und sicherzustellen, dass die Führungskräfte und ihre Untergebenen gut ausgebildet sind und die zugrunde liegende Philosophie und Taktik richtig verstehen und umsetzen können.

Militärführung ist nicht nur Befehl und Kontrolle, sondern auch Führung durch Vorbild. Offiziere und Unteroffiziere werden ermutigt, durch ihr eigenes Verhalten ein Vorbild für ihre Untergebenen zu sein. Dies schafft Respekt und Vertrauen, zwei unverzichtbare Elemente in einem Umfeld, das oft von Gefahr und Unsicherheit geprägt ist. Ein modernes Militär investiert intensiv in die Ausbildung und Weiterentwicklung seiner Führungskräfte. Es geht darum, sie sowohl für aktuelle Herausforderungen als auch für zukünftige Szenarien auszurüsten. Dies beinhaltet nicht nur taktische und strategische Schulungen, sondern auch Training in Bereichen wie Kommunikation, Konfliktmanagement und psychologische Unterstützung.

Führung im Militär ist ein komplexes Thema, das sich ständig weiterentwickelt. Während hierarchische Strukturen und Disziplin weiterhin zentrale Elemente sind, erkennen moderne Streitkräfte auch den Wert von Anpassungsfähigkeit, Eigeninitiative und kontinuierlicher Weiterentwicklung. Das Militär bietet somit wertvolle Lektionen in Führung, die auch außerhalb des militärischen Kontexts relevant sein können.

4.3.2. Führung in der Industrie: Zwischen Hierarchie und Innovation

Die Industrie, ein Motor der Wirtschaft und treibende Kraft des Fortschritts, steht ständig vor neuen Herausforderungen. Von der kleinen Fertigungshalle bis zum multinationalen Konzern - effektive Führung ist der Schlüssel zum Erfolg. Doch wie hat sich die Führung in der Industrie im Laufe der Zeit entwickelt und welchen Anforderungen müssen moderne Industrieunternehmen heute gerecht werden?

In der Anfangszeit der industriellen Revolution dominierte eine hierarchische und oft autoritäre Führungsstruktur. Arbeiter hatten wenig Mitspracherecht, und Entscheidungen wurden strikt von oben nach unten getroffen. Effizienz und Massenproduktion standen im Vordergrund, wobei individuelle Bedürfnisse und Kreativität wenig Raum hatten.

Mit der Globalisierung, technologischen Fortschritten und einem verstärkten Wettbewerb hat sich das Bild deutlich gewandelt:

- **Flache Hierarchien**: Moderne Industrieunternehmen setzen vermehrt auf flachere Hierarchien – fördert Kommunikation und Zusammenarbeit zwischen Abteilungen und ermöglicht schnellere Entscheidungsfindung.
- **Teamarbeit und Kollaboration**: Statt starrer Abteilungsgrenzen rücken teambasierte Projekte und interdisziplinäre Zusammenarbeit in den Fokus.
- **Mitarbeiterbeteiligung**: Mitarbeiter werden stärker in Entscheidungsprozesse eingebunden. Ihre Expertise und Erfahrung werden geschätzt und tragen zur stetigen Verbesserung und Innovation bei.
- **Fortlaufende Weiterbildung**: In einer sich ständig verändernden Technologielandschaft ist die Weiterbildung der Mitarbeiter essentiell. Unternehmen investieren in Schulungen, Workshops und Fortbildungen, um wettbewerbsfähig zu bleiben.
- **Arbeitskultur und Wohlbefinden**: Immer mehr Unternehmen erkennen den Wert einer positiven Arbeitskultur. Dies umfasst sowohl physische Aspekte wie ergonomische Arbeitsplätze als auch psychologische Faktoren wie Anerkennung, Work-Life-Balance und Möglichkeiten zur Selbstentfaltung.

Ein guter Industrieführer muss heute mehrere Rollen gleichzeitig erfüllen: Visionär, Motivator, Kommunikator und Entscheider. Es geht nicht mehr nur darum, Befehle von oben nach unten durchzugeben. Vielmehr müssen Führungskräfte:

- Ein inspirierendes Leitbild schaffen und vermitteln.
- Offen für Feedback und Kritik sein.
- Interkulturelle Kompetenzen besitzen, insbesondere in international tätigen Unternehmen.
- Technologische Entwicklungen verstehen und diese in der Unternehmensstrategie berücksichtigen.
- Authentizität und Empathie zeigen und so Vertrauen aufbauen.

Führung in der Industrie hat sich von einer rein hierarchischen Struktur zu einem dynamischen, mitarbeiterzentrierten Ansatz gewandelt. In der heutigen Zeit, in der Anpassungsfähigkeit, Innovation und menschliches Kapital im Vordergrund stehen, müssen Industrieführer flexibel, visionär und empathisch agieren. Nur so können sie den vielfältigen Herausforderungen gerecht werden und ihr Unternehmen erfolgreich in die Zukunft führen.

4.3.3. Führung in der Wissenschaft

Wissenschaft – sie strebt nach Erkenntnis, klärt ungelöste Fragen und formt unser Verständnis von der Welt. Doch wie gestaltet sich die Führung in diesem einzigartigen Bereich, der sich durch stetige Veränderung, Skepsis und den unermüdlichen Drang nach Wahrheit auszeichnet?

Historisch gesehen war wissenschaftliche Forschung oft das Werk einzelner Pioniere. Diese unabhängigen Denker verfolgten ihre Ideen oft gegen den Mainstream und legten den Grundstein für das, was wir heute als wissenschaftliche Gemeinschaft kennen. Die Führung in solchen Zeiten war zumeist autokratisch, bestimmt durch das Genie und die Vision eines Einzelnen.
In der modernen Welt ist die wissenschaftliche Forschung zunehmend kollaborativ. Große Forschungsteams arbeiten an komplexen Fragestellungen, die oft mehrere Disziplinen überspannen.

- **Kollaborative Führung**: Hier steht die Teamarbeit im Vordergrund. Erfolgreiche wissenschaftliche Führungspersonen fördern den Dialog, stellen Fragen und schaffen eine Umgebung, in der Ideen fließen können.
- **Demokratischer Ansatz**: Während klare Strukturen und Rollen notwendig sind, gibt es in vielen Forschungsteams eine demokratische Herangehensweise, bei der jedes Mitglied gleichberechtigt beitragen kann.
- **Mentorship**: Ein Schlüsselaspekt wissenschaftlicher Führung ist die Rolle des Mentors. Erfahrene Forscher leiten jüngere Wissenschaftler an und geben ihre Kenntnisse weiter.

Als Eigenschaften einer effektiven wissenschaftlichen Führung können nachfolgende Aspekte gesehen werden:

- **Offenheit für Neues**: In der Wissenschaft muss man bereit sein, bestehende Theorien und Annahmen ständig in Frage zu stellen. Eine gute Führungskraft erkennt die Bedeutung von Veränderung und Anpassung.
- **Kommunikative Fähigkeiten**: Es geht nicht nur um die Kommunikation innerhalb des Teams, sondern auch um die Präsentation von Ergebnissen gegenüber der breiten Öffentlichkeit, Förderern oder Fachkollegen.
- **Integrität und Ethik**: Die Wahrung ethischer Standards und der wissenschaftlichen Redlichkeit ist von zentraler Bedeutung.

- **Vision**: Eine klare Vision und ein Sinn für das "große Ganze" helfen, Forschungsprojekte in die richtige Richtung zu lenken und das Team zu motivieren.

Wissenschaftliche Führung ist nicht ohne ihre Tücken. Der Druck, ständig zu publizieren, der Kampf um Finanzierungen und der Balanceakt zwischen Lehre und Forschung sind nur einige der Herausforderungen. Darüber hinaus sind wissenschaftliche Ergebnisse nicht immer vorhersehbar, und der Umgang mit Unsicherheit und Misserfolgen erfordert besondere Führungs-qualitäten.

Führung in der Wissenschaft ist ein facettenreiches Unterfangen. Es erfordert eine Mischung aus Demut angesichts der Größe des Unbekannten, Leidenschaft für die Forschung und die Fähigkeit, ein Team durch die oft stürmischen Gewässer der wissenschaftlichen Entdeckung zu steuern. In einer Zeit, in der die Grenzen des Wissens ständig erweitert werden, ist inspirierende und effektive Führung in der Wissenschaft wichtiger denn je.

4.3.4. Führung in der Verwaltung: Struktur trifft auf Dynamik

Die Verwaltung - ob auf kommunaler, regionaler oder nationaler Ebene - ist das Rückgrat jeder funktionierenden Gesellschaft. Sie sorgt für Struktur, Ordnung und Dienstleistungen, die das tägliche Leben erleichtern. Doch wie gestaltet sich die Führung in einem Bereich, der oft als behäbig und bürokratisch wahrgenommen wird, aber dennoch agil und bürgerzentriert agieren muss?
In der Vergangenheit war die Verwaltung stark hierarchisch und regelgetrieben. Der Fokus lag auf Beständigkeit, Vorhersagbarkeit und der Einhaltung festgelegter Prozesse. Die Führung war oftmals autokratisch, mit klaren Befehlsketten und wenig Raum für Kreativität oder Initiative.

Heute steht die Verwaltung vor der Herausforderung, effizient und bürgernah zu sein, während sie sich ständig verändernden gesellschaftlichen, technologischen und politischen Anforderungen anpasst:

- **Bürgerzentrierte Dienstleistungen**: Die moderne Verwaltung versucht, den Bürger in den Mittelpunkt ihrer Dienstleistungen zu stellen. Dies erfordert eine Führung, die die Bedürfnisse der Bürger versteht und darauf reagiert.

- **Digitalisierung**: Die Umstellung auf digitale Dienstleistungen und Prozesse erfordert innovative Führungskräfte, die den Wert von Technologie erkennen und diese effektiv einsetzen können.
- **Partizipative Führung**: Statt Entscheidungen einseitig von oben zu treffen, werden Bürger und Mitarbeiter stärker in Entscheidungsprozesse eingebunden.

Eine Reihe von wünschenswerten Eigenschaften effektiver Führung in der Verwaltung lassen sich benennen.

- **Strategisches Denken**: Die Fähigkeit, über den Tellerrand hinauszuschauen und langfristige Ziele und Visionen für die Verwaltung zu entwickeln.
- **Kommunikationsfähigkeit**: Es ist wichtig, sowohl intern als auch extern klar und transparent zu kommunizieren.
- **Integrität**: Als Vertreter des öffentlichen Sektors müssen Führungskräfte hohe ethische Standards einhalten und als Vorbild fungieren.
- **Anpassungsfähigkeit**: In einer sich ständig verändernden Welt muss eine effektive Führungskraft flexibel und offen für Neues sein.

Zu den größten Herausforderungen gehören der oft langsame bürokratische Apparat, Widerstände gegen Veränderungen und der Druck, sowohl politischen Vorgaben als auch den Bedürfnissen der Bürger gerecht zu werden. Hinzu kommen häufig Ressourcenbeschränkungen und der Druck, öffentliche Gelder effizient einzusetzen.

Die Führung in der Verwaltung ist eine komplexe Aufgabe, die sowohl starke strukturelle Fähigkeiten als auch die Fähigkeit zur Innovation erfordert. In einer Zeit, in der die Erwartungen der Bürger steigen und die Technologie das Potenzial hat, die Verwaltungslandschaft zu revolutionieren, ist eine dynamische, vorwärtsdenkende Führung entscheidend für den Erfolg.

4.4. Fazit

Während die Grundprinzipien der Führung universell sein mögen, variiert die Anwendung dieser Prinzipien je nach Arbeitswelt stark. Eine effektive Führungskraft erkennt die Besonderheiten ihres Bereichs und passt ihren Führungsstil entsprechend an. Es ist diese Flexibilität und das Verständnis für den Kontext, die wahre Führung ausmachen.

In der modernen Geschäftswelt werden die Begriffe "Führung" (Leadership) und "Management" oft synonym verwendet. Doch obwohl sie eng miteinander verbunden sind und in vielen Organisationen Hand in Hand gehen, bezeichnen sie unterschiedliche Ansätze, Fähigkeiten und Aufgabenbereiche. Das Verständnis dieser Unterschiede kann entscheidend sein, um ein Unternehmen oder Team effektiv zu steuern.

Führung konzentriert sich in erster Linie auf Menschen. Es geht darum, Visionen und Richtungen zu setzen, Mitarbeiter zu inspirieren und zu motivieren, und eine Kultur des Vertrauens und der Innovation zu schaffen. Führungskräfte sind oft diejenigen, die die Richtung vorgeben, Sinn stiften und andere dazu bringen, sich für eine gemeinsame Sache zu engagieren. Sie sind oft Visionäre, die über den Tellerrand hinausblicken und das "große Ganze" sehen. Die Kunst der Führung beinhaltet die Fähigkeit, Emotionen zu erkennen und darauf zu reagieren, Menschen zu coachen und zu entwickeln und oft auch schwierige Entscheidungen zu treffen, die das Wohl des Ganzen im Blick haben.

Management hingegen befasst sich eher mit Strukturen und Prozessen. Es ist die Kunst, sicherzustellen, dass die Dinge reibungslos und effizient ablaufen. Manager planen, organisieren und kontrollieren. Sie setzen Systeme und Abläufe in Gang, überwachen Leistungen, sorgen für die Einhaltung von Fristen und Budgets und treffen operative Entscheidungen. Während Führungskräfte oft fragen: "Warum?" und "Was könnte sein?", fragen Manager eher "Wie?" und "Wann?".

Ein guter Manager muss nicht zwangsläufig eine gute Führungskraft sein und umgekehrt. Führung erfordert emotionale Intelligenz, Empathie und oft auch Intuition. Management hingegen erfordert analytische Fähigkeiten, ein Auge fürs Detail und ein tiefes Verständnis für die Prozesse und Mechanismen, die ein Unternehmen am Laufen halten.

Das bedeutet jedoch nicht, dass die eine Rolle wichtiger ist als die andere. In der Tat sind beide für den Erfolg eines Unternehmens oder einer Organisation von entscheidender Bedeutung. Eine visionäre Führung ohne effektives Management kann zu Chaos und mangelnder Richtung führen. Andererseits kann ein starkes Management ohne klare Führung zu Stagnation und mangelnder Innovation führen.

In der heutigen Geschäftswelt, in der sich die Dinge schnell verändern und Anpassungsfähigkeit und Innovation von entscheidender Bedeutung sind, ist es wichtig, sowohl effektive Führungskräfte als auch Manager zu haben. Oftmals ist es auch wünschenswert, dass Einzelpersonen sowohl Führungsfähigkeiten als auch Managementfähigkeiten entwickeln und einsetzen können.

Zusammenfassend lässt sich sagen, dass Führung und Management zwei Seiten derselben Medaille sind. Beide sind notwendig, um Teams zu leiten, Herausforderungen zu meistern und Erfolg in einer komplexen und sich ständig verändernden Welt zu erzielen. Es ist die Kunst, sie effektiv zu verbinden und in Einklang zu bringen, die letztendlich den Unterschied ausmacht.

4.5. Literatur

Wladislaw Jachtchenko (2020). Die 5 Rollen einer Führungskraft.

Hans-Christian Witthauer, Thomas Saller (2023). Führung und das 3 Alpha Prinzip: Militärisches Handwerkszeug für den zivilen Führungsalltag.

Jocko Willink (2021). Das Navy-Seal-Handbuch für Führungsstrategien.

Vera Starker, Roman Gaida (2022). New Work in der Industrie: Wie wir die digital-kulturelle Transformation meistern!

Martin Hinsch, Jens Olthoff (2019). Human Factors in der Industrie: Ein Praxisratgeber: Wie Sie mit Impulsen aus der Luftfahrt Fehler und Nacharbeit vermeiden können.

Dino André Schubert (2022). Führung im öffentlichen Dienst: Konzepte und Instrumente für Führungskräfte im öffentlichen Sektor – worauf es in der Praxis ankommt.

Harald Schaub, Sönke Marahrens (2021). Führung 2021+ (https://www.thedefencehorizon.org/post/f%C3%BChrung-2021-1?lang=de)

Harald Schaub (2014). Training im systemischen Denken für militärische Führungs- und Einsatzkräfte. In: Psychologischer Dienst der Bundeswehr (Hrsg.), Handbuch für Einsatz und Notfall.

5.   Alle(s) im Griff?

Tamara Jäger, M. Sc.
Jaeger.gesundheit@gmail.com
Gesundheitswissenschaftlerin & Dozentin, München

5.1.   Einleitung

Der hier verschriftlichte Vortrag betrachtet unter der Fragestellung: „Alle(s) im Griff?" gelingendes High Performance Leadership in kritischen Situationen und gibt einen Eindruck, wie Führungskräfte durch ihr Verhalten menschlich vor der Lage bleiben, um ihre Teams bestmöglich anzuleiten. Der Inhalt diente als Diskussionsgrundlage für den 25. Jubiläumsworkshops der Plattform Menschen in komplexen Arbeitswelten e.V. und bündelt Impulse der bisherigen sowie aktuell laufenden Forschungsarbeit.

Ausgangspunkt für die angestellten Überlegungen ist die Annahme, dass Führungsstrategien in kritischen Einsatzsituationen teamintern meist das Ziel verfolgen, Sicherheit an Teammitglieder zu vermitteln und ihnen damit das Gefühl von Handlungsfähigkeit und Kontrolle zu geben (Jäger & Kohls, 2023a; Pawlowsky, 2008). Dies lässt den Rückschluss zu, dass es tatsächlich darum gehen könnte, alle und alles im Griff zu haben – inklusive der eigenen Person. Wie das gelingen kann, wird nachfolgend in zwei Themenfeldern betrachtet, welche die aktuellen Forschungsschwerpunkte der Referentin skizzieren. Zunächst wird die Rolle und Person des Leaders sowie anschließend der Umgang von Führungspersonen mit Herausforderungen beleuchtet.

5.2.   Fürsorgliche Schutz- und Orientierungspersonen

Wählt man größtmögliche mentale Belastbarkeit im Team als Richtgröße, ist es für deren Erlangung ausschlaggebend, dass die Führungskraft im Idealfall als fürsorgliche Schutz- und Orientierungspersonen agiert. Dafür braucht es drei wesentliche Bedingungen: Vertrauen, Sicherheit und Selbstführung (Jäger & Kohls, 2023a). Diese Komponenten werden nachfolgend skizziert.

5.3.   Vertrauen

Insbesondere in High-Performance Teams intensiviert sich Vertrauen mitunter dadurch, dass die Teammitglieder mentale oder operative Gefahrensituationen gemeinsam überstehen. Damit dieses Vertrauen auf fruchtbaren Boden fällt, muss sich die Führungskraft berechenbar und transparent verhalten, klare Grenzen setzen sowie ein integres Welt-, Werte- und Menschenbild vermitteln bzw. vorleben (Jäger & Kohls, 2021). Außerdem gilt ein sehr offenes Miteinander als vertrauensförderlich, wobei dies auch eine große Herausforderung mit sich bringt. Denn im Rahmen größtmöglicher Offenheit über eigene Schwachpunkte zu reden, birgt ein gewisses zwischenmenschliches Risiko. Daher muss jede einzelne Person des Teams darauf vertrauen können, dass ihr ihre Offenheit nicht schadet. Dies ist dann der Fall, wenn im Team ein hohes Maß psychologische Sicherheit vorherrscht. Unter psychologischer Sicherheit versteht man, dass Teammitglieder ohne Angst vor negativen beruflichen (Benachteiligung etc.) und persönlichen (Schuldzuweisung, Abwendung, Spott, Verurteilung etc.) Konsequenzen Fehler ansprechen, sich vulnerabel zeigen und um Hilfe oder Rat fragen können (Edmondson, 1999). Dieses Teamgefühl zu vermitteln, ist eine wichtige Aufgabe der Führungskraft (*siehe hierzu auch die Beiträge von Prof. Dr. Stefan Strohschneider sowie Dr. med. Walter Schlittenhardt in diesem Band*). Als hilfreich gilt in diesem Zusammenhang die Nutzung des Harvard-Prinzips, im Rahmen dessen sachlich hart verhandelt werden kann, während zugleich das menschliche Ansehen keineswegs darunter leidet. Dies schafft ein sicheres Beziehungsfundament, in dem sich alle beteiligten Personen auf gegenseitige Wertschätzung verlassen können (Fisher et al., 2018).

5.4. Sicherheit

Die zweite wichtige Bedingung dafür, dass eine Führungskraft ihre Funktion als Schutzperson wahrnehmen kann ist, dass sie trotz eigener Unsicherheit oder Belastung Handlungssicherheit vermitteln und Ruhe, Gelassenheit, Orientierung sowie Zuversicht ausstrahlen kann (Jäger & Kohls, 2023b). Hierbei kann es vorkommen, dass – insbesondere im Feld kritischer Einsatzsituationen – Führungskräfte vom kooperativen Führungsstil in einen autoritären Führungsstil wechseln müssen, um eine Entscheidung autoritativ zu treffen und damit Sicherheit zu vermitteln. Geschieht dies, muss der Prozess unbedingt transparent nachbereitet werden, um das Vertrauen des Teams nicht zu verlieren (Jäger & Kohls, 2023a). Offen bleibt in diesem Kontext eine Antwort auf die in der Veranstaltung diskursiv thematisierten Frage, wo genau eine Grenze zwischen neutraler Transparenz bzw. Erklärung auf der einen und Rechtfertigung auf der anderen Seite verläuft.

Der menschlich komplexeste aber methodisch einfachste Weg, Sicherheit an andere Teammitglieder zu vermitteln, ist die sog. Führung durch Vorbild (Jäger & Kohls, 2023a). Diese betrifft nicht nur Themenfelder wie Fehlerkultur, Fitness und Regeneration, sondern ausdrücklich auch das anspruchsvolle Selbst- und Stressmanagement. Hierbei müssen Führungskräfte ein permanentes Bewusstsein dafür entwickeln, dass sich ihr eigenes Verhalten auf die Befindlichkeit der anderen Teammitglieder überträgt – dieser Effekt ist umso stärker, je mehr die Person eine Art Führungsrolle innehat. Jener Wechselwirkung liegt ein simpler Mechanismus der Natur zu Grunde, denn solange das „Leittier" einer Herde keinen Stress signalisiert, muss niemand in der Gruppe Energie in eine Flucht verschwenden. Die Gruppe von Individuen (seien es Menschen oder Tiere) bleibt dadurch entspannt, solange das Wesen mit Leitungsfunktion Entspannung vorlebt. Wenngleich die fortschreitende Zivilisation einige der evolutionsbiologischen Urinstinkte abschwächte, sind die meisten (psychologisch unauffälligen) Personen heute nach wie vor in der Lage, die Stimmung anderer Menschen zu spüren bzw. wahrzunehmen und zu interpretieren. Hilfreich hierfür sind sog. Spiegelneuronen.

Exkurs: Spiegelneuronen

Einige Nervenzellen im menschlichen Gehirn werden bei der Beobachtung und Durchführung eines Vorganges in derselben Weise aktiv, als wenn ihn die Person selbst aktiv ausübt. Diese sog. Spiegelneuronen gelten als Basis des mentalen Trainings (Mayer & Hermann, 2011) und sind die entscheidenden Faktoren dafür, dass wir Empathie und Mitgefühl empfinden. Sie helfen auch maßgeblich bei der Prognose (sowie ggf. auch Manipulation) menschlichen Verhaltens und der interpersonellen Interaktion. Dadurch lernen Menschen seit der frühesten Kindheit, dass sie sich gegenseitig beeinflussen. So scannt ein Kleinkind die Mimik und das Verhalten seiner Eltern permanent auf Anzeichen für Anspannung und Gefahr (Haben sie Angst – bin ich in Gefahr? Sind die entspannt – bin ich sicher?), sammelt die gewonnenen Informationen und ahmt die Emotionen nach. Die Eltern werden somit zur Schutzperson für ihr Kind, das ausschließlich aus der Beobachtung des elterlichen Verhaltens das Gefahrenpotenzial der Situation einzuschätzen lernt. Da sich Menschen auch nach ihrer Kindheit durch diese neuronalen Wechselwirkungen permanent gegenseitig in ihrem Stressniveau beeinflussen, können Führungskräfte diesen Effekt gezielt nutzen. Statt der Eltern treten nun sie an die Stelle der Schutzperson für ihre Kolleg*innen und können den Effekt des Abfärbens absichtlich und gezielt einsetzen, um Teammitglieder positiv zu bestärken.

Fazit: Je entspannter und sicherer die Führungskraft sich in ihrer Rolle als Schutzperson verhält, desto ruhiger und sicherer werden die weiteren Teammitglieder und desto bewältigbarer empfinden sie eine Stresssituation. Je angespannter und nervöser sich die Führungskraft verhält, desto unsicherer werden die Teammitglieder und desto belastender nehmen sie die Situation wahr.

Info: Nicht nur echtes Empfinden, sondern auch „vorgetäuschtes" Verhalten färbt auf andere und auf die eigene Person ab. So kann im Resilienztraining z. B. „vorgetäuschtes" Lachen über zwei Minuten die Lachmuskeln aktivieren und zur Ausschüttung von Glückshormonen führen (Esch & Esch, 2016). Ein ähnlicher Effekt tritt beim Kaugummikauen ein, wodurch die Kaumuskeln dem Organismus Entspannung signalisieren und damit Stress reduzieren.

5.5. Selbstführung

Gelingende Teamführung heißt auch, dass sich die Führungsperson selbst im Griff hat. Die Fähigkeit Stress zu verbergen und unter Belastung fokussiert zu werden, erfordert allerdings sehr hohe Persönlichkeitsreife, viel Erfahrung und permanente Selbstreflexion - man könnte die Selbstführung daher auch als anspruchsvolle Königsdisziplin des Führungsverhaltens titulieren. Führungskräfte müssen dafür in der Lage sein, ihr eigenes Stressniveau ehrlich zu bemerken, selbstreflexiv zu interpretieren und dann absichtlich sowie gezielt in die richtige „Richtung" zu lenken (Jäger & Kohls, 2021). Dies gelingt Teamleadern nur dann, wenn sie in der Lage sind, ihre eigenen individuellen **Warnsignale** (sog. „Red Flags") zu erkennen (z.B. plötzlicher Verlust von Spaß, fehlender Überblick, Empfinden von negativen Emotionen wie Gereiztheit oder Trauer etc.) und diese nicht zu negieren oder zu verdrängen, sondern bewusst **als Stresssymptom wahrzunehmen**. Anschließend läuft ein zweistufiger Prüfprozess ab: (Jäger & Kohls, 2023b)

- **Selbst-Check**: Die eigene Leistungsfähigkeit und Belastung kann anhand des Ampelsystems simpel und bildlich eingeschätzt werden („Wie geht es mir gerade?"). Die Farbe Rot steht dabei für Überlastung, die Farbe Gelb für Belastung bzw. drohende Überlastung sowie die Farbe Grün für Souveränität und Leistungsfähigkeit
- **Auswahl passender Copingstrategien** aus dem individuellen Verhaltensrepertoire, um den eigenen Zustand zu verbessern („Wo will ich hin? Wie will ich mich fühlen / verhalten? Was tue ich dagegen / dafür? Wie komme ich in eine andere Belastungszone?"). Um das eigene Belastungsniveau zu verändern, existiert eine Vielzahl unterschiedlichster Copingstrategien. Denn jede Person entwickelt individuell aus Erfahrung eigene Handhabungen, um ihre Leistungsfähigkeit aufrechtzuerhalten. Diese habitualisierten Verhaltensweisen müssen jedoch nicht zwingend konstruktiv sein, um den gewünschten Effekt zu erzielen - so wäre z.B. auch das Rauchen einer Zigarette oder die Ablenkung durch Betäubungsverhalten eine effiziente,

wenngleich destruktive Copingstrategie. Es empfiehlt sich daher, seine Verhaltensweisen regelmäßig zu hinterfragen und schädliche, vermeidende oder betäubende Strategien durch förderliche, positive und aktive Copingmechanismen zu ersetzen und diese bewusst zu trainieren.

Gelingt es einer Person, das eigene Stressniveau bewusst, konstruktiv und absichtlich zum richtigen Zeitpunkt in eine bestimmte Richtung zu beeinflussen (entweder zu mehr Anregung oder mehr Entspannung), kann man von einer gelebten Form der **angewandten Resilienz** sprechen (Jäger & Kohls, 2023a). Auch die alte Seefahrerweisheit „One hand for myself, the other hand for the ship" resümiert auf kompakte sowie anschauliche Weise, wie wichtig die permanente Reflexion, Beeinflussung und Beobachtung des eigenen Zustandes ist: Sowohl praktisch als auch übertragen interpretiert ist es für Personen in riskanten Tätigkeitsfeldern essenziell, sich stetig auf die Arbeit zu konzentrieren und dabei dennoch zu jedem Zeitpunkt Kapazitäten bereitzuhalten, um sich selbst durch aktive Selbstfürsorge „aufzufangen" und den eigenen Zustand im Blick zu behalten. Eine solches Verhalten unterstützt nicht nur die Selbstführung und Handlungssicherheit, sondern stärkt zugleich die ganzheitliche Situational Awareness und wirkt sich damit direkt leistungs- und sicherheitsförderlich aus.

5.6.   Umgang mit rolleninhärenten Herausforderungen

Im gesundheitsförderlichen Führungsverhalten kommen einige Herausforderungen auf Führungskräfte zu. Die vielleicht Prägendste ist der Umgang mit Anforderungen. Denn an die Einsatz- sowie Führungsleistung von Hochleistungs-Teammitgliedern stellen sehr viele Personen und Institutionen teils enorm hohe Erwartungen, die erfüllt werden müssen. Im betriebswirtschaftlichen Jargon spricht man in einem derartigen Kontext von Stakeholdermanagement. Dies kann für jede am Einsatz beteiligte Person etwas anders aussehen, in Teams des Einsatzwesens herrschen etwa folgende Ansprüche:

- **Externe Stakeholder** (z.B. Bürger und Kollegen) erwarten, dass der Einsatz bewältigt wird. Seitens der Gesellschaft und Öffentlichkeit sollte der Weg zur Einsatzbewältigung reibungslos, folgenfrei und „elegant" passieren. Organisationale Stakeholder (Kollegen, Team, Führungskräfte) erwarten dabei zudem professionelles Auftreten und teamfähiges Verhalten

- **Interne Stakeholder** (also Einsatzkräfte oder Teammitglieder selbst) erwarten von sich bestmögliche Leistung, was zu einem sehr hohen Leistungsdruck führen kann, dem man gerecht werden möchte.

Wenn man sich zudem konkret die Anforderungen an Spezialeinsatzkommandos der Polizei und Luftrettungsteams ansieht fällt auf, dass sie eine Besonderheit teilen. Beide Teams agieren einer Rolle als letzte Instanz im Einsatzgeschehen. Dies wird charakterisiert durch den Umstand, dass niemand sonst das Problem lösen wird, falls es dem jeweiligen Team nicht gelingen sollte – es gibt schlichtweg keine „stärkere" bzw. höhere Instanz mehr, die zur Unterstützung gerufen werden kann (Jäger & Kohls, 2023a). Das führt zu einem sehr hohen Leistungs- und Erwartungsdruck, weshalb dort tätige Personen ein besonders gutes und ausgewogenes Erwartungsmanagement brauchen, um mit den an sie herangetragenen Anforderungen adäquat umgehen zu können. So vermeiden sie einen stressindizierten Leistungsabfall unter Druck, für den die Sportpsychologie den Fachbegriff „Choking under pressure" kennt (Jäger & Kohls, 2023b).

Damit ein solch konstruktives Erwartungsmanagement gelingt, müssen Einsatzkräfte in den erwähnten Teams zunächst ihr eigenes Selbstbild hinterfragen und dann reflektiert ausbalancieren. Sie absolvieren dabei eine Gratwanderung zwischen Macht (Sicherheit ausstrahlen, Situation in den Griff bekommen) und Demut (Hochachtung vor dem Leben, Respekt, Akzeptanz eigener Einflussgrenzen). Kompliziert hieran ist, dass eben jene Einsatzkräfte spezialisierter Hochleistungsteams meist darauf konditioniert sind, dass sie jedes noch so komplizierte Problem lösen können, wollen und werden.

Sind die auftretenden Herausforderungen dann doch einmal unlösbar (z. B. weil Patienten zu schwer verletzt und damit „unrettbar" sind), erschüttert dies die individuelle Selbstüberzeugung, mit allem fertig zu werden. Gerade weil die Akzeptanz der eigenen Machtlosigkeit für diese Personen außergewöhnlich schwer sein kann, ist es essenziell, dass Führungskräfte eine gewisse Gedankenhaltung vorleben, die eine ausgewogene Balance des Selbstbildes ermöglicht (Jäger & Kohls, 2023b).

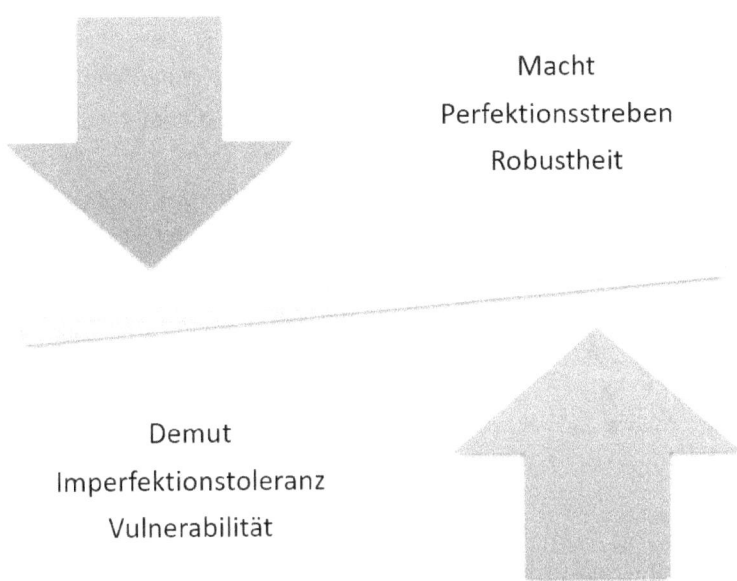

Macht
Perfektionsstreben
Robustheit

Demut
Imperfektionstoleranz
Vulnerabilität

Abb. 5.1: Komponenten der Ausbalancierung

Dieses Vorleben findet sich angewandt etwa in der Fehlerkultur wieder, denn so sehr Hochleistungsteams auch nach Perfektion streben, sind sich alle dort tätigen Personen – inklusive der Führungskräfte – ihrer eigenen Imperfektion und einer gewissen Unzulänglichkeit bewusst. Hierzu gehört das Bewusstsein dafür, dass es Dinge gibt, die außerhalb des eigenen Wirkungs- und Einflussbereiches liegen sowie ein permanentes, sensibles Bewusstsein für die eigene mentale sowie physische Vulnerabilität. Es ist daher elementar, dass Führungskräfte permanent auf die notwendige Ausbalancierung der Erwartungen hinweisen und sie ganz bewusst vorleben. So bewahren sie ihre Teammitglieder davor, dass ihr Selbstbild durch eigene Ansprüche sowie an sie herangetragene Idealbilder zu einseitig wird.

5.7. Fazit

Alle und alles im Griff zu haben ist durchaus wichtig im Bereich des High Performance Leaderships. Mindestens ebenso wichtig ist es jedoch jene Situationen, Bedingungen oder Empfindungen einzuplanen, die man nicht im Griff hat - daher befindet sich im Titel auch das Fragezeichen. Es scheint somit, als unterscheide die Fähigkeit zur diffizilen Gratwanderung im Selbstbild „gutes", mental stabilisierendes und modernes Leadership von rigider und unreflektierter Autorität.

5.8. Literatur

Edmondson, A. (1999). Psychological Safety and Learning Behavior in Work Teams. Administrative Science Quarterly, 44(2), 350–383. https://doi.org/10.2307/2666999

Esch, T., & Esch, S. M. (2016). Stressbewältigung: Mind-Body-Medizin, Achtsamkeit, Selbstfürsorge (2. Auflage). Medizinisch Wissenschaftliche Verlagsgesellschaft.

Fisher, R., Ury, W., & Patton, B. (2018). Das Harvard-Konzept: Die unschlagbare Methode für beste Verhandlungsergebnisse (1. Auflage, erweitert und neu übersetzt). DVA.

Jäger, T., & Kohls, N. (2021). Belastbarkeit, Resilienz, Leistungsfähigkeit: Gesundheitsorientierte Personalführung in spezialisierten Polizeieinheiten. TAKTIK + MEDIZIN, 4(3), 44–49.

Jäger, T., & Kohls, N. (2023a). Führung als Schutzschild: Wie Führungskräfte spezialisierter Polizeieinheiten innere Belastbarkeit und mentale Stabilität fördern. In Mario Staller, Benjamin Zaiser, & Swen Koerner (Eds.), Handbuch Polizeipsychologie (pp. 189–208). Springer Gabler.

Jäger, T., & Kohls, N. (2023b). High Performance under Pressure. In Mario Staller, Benjamin Zaiser, & Swen Koerner (Eds.), Handbuch Polizeipsychologie (pp. 335–355). Springer Gabler.

Pawlowsky, P. (Ed.). (2008). Hochleistungsmanagement: Leistungspotenziale in Organisationen gezielt fördern (1. Aufl.). Springer Gabler.

6. Führungswerkzeug "Checklist & Procedure"

Capt. Ret. Peter Beer
pwbeer@gmail.com
Crew Ressource Management, Wien

Capt. Christian Flatschart
christian.flatschart@aca.or.at
AssekuRisk Safety Management GmbH, Wien

6.1. Synopsis Gulfstream IV Unfall Salzburg 11.04.2017

50. Osterfestspiele in Salzburg 2017. Publikum aus der ganzen Welt reist in die Stadt an der Salzach um die neu inszenierte ‚Walküre' von Richard Wagner mitzuerleben. Auch Musikliebhaber aus Bangor/USA Bundesstaat Maine reisen mit dem eigenen Langstrecken-Privatjet (Gulfstream IV) an. Nach mehrtägigem Aufenthalt in Salzburg, wo auch einige kurze Flüge durchgeführt wurden, ergeben sich Gründe recht rasch nach Bangor zurückzukehren.
Der Kapitän trifft beim Flugzeug ein um die Maschine für den Flug vorzubereiten. Kurze Zeit später trifft der Copilot mit den Fluggästen ein.
Die Gulfstream IV hebt am 11.April 2017 vom Flughafen Salzburg um 08:12 UTC mit Zielflughafen Bangor International Airport ab.

Kurze Zeit später meldet sich die Besatzung beim Kontrollturm Salzburg und verlangt eine Rücklandung am Abflughafen. Es kommt zu Unstimmigkeiten über die Landerichtung. Der Flugverkehrsleiter im Kontrollturm unterstützt die Besatzung schließlich durch die richtige Freigabe. Nach etwa 5 min setzt die Gulfstream IV wieder in Salzburg auf und verlässt die Betriebspiste. Am Rollweg ‚E' stoppt das Flugzeug und der Copilot öffnet die Kabinentüre und verlässt die Maschine. Der Kontrollturm kann zu diesem Zeitpunkt keinen Funkkontakt zum Flugzeug herstellen. Um etwa 08:30 knickt das Bugfahrwerk ein und der Luftfahrzeugbug schlägt am Boden auf. Danach werden die Triebwerke abgestellt. Es ist nichts über Verletzungen der Insassen bekannt, die Maschine konnte um 21:45 vom Rollweg entfernt werden.

Hatte der Vorfall mit Checklisten zu tun?

6.2. "Leadership" und "Management" in der kommerziellen Luftfahrt

Wie in vielen anderen Tätigkeitsfeldern ist in der Luftfahrt das koordinierte Zusammenarbeiten vieler Akteure nur durch eine sinnvolle Führung möglich. In der kommerziellen Fliegerei spricht man von ‚Leadership'. Die Psychologie definiert ‚Leadership' als ‚Förderung von Sicherheit in risikoreichen Arbeitssystemen'. Besonders gut passt auch ‚Management'. Die etymologischen Wurzeln des Wortes sind zwar nicht völlig klar, aber eine Herleitung vom lateinischen ‚manus agere' für an der Hand führen scheint recht plausibel zu sein. Im Italienischen bedeutet es ‚ein Pferd in allen Gangarten üben' oder ‚ein Pferd in die Manage zu führen'.
Ein weiterer Managementaspekt, mit besonderer Luftfahrt Relevanz ist es, Bedingungen zu schaffen innerhalb derer einzelne und Teams autonom agieren können um die Erwartungen der Organisation zu erfüllen.

Als Besonderheit im Flugbetrieb ist zu beachten, dass ‚Leadership' praktisch nie vor Ort stattfinden kann. Flugzeugbesatzungen müssen an Bord selbständig agieren. Führung muss trotzdem gegeben sein, wobei wirtschaftliche, technische und Interessen der Organisation berücksichtigt werden. Sicherheit hat stets die oberste Priorität. Ein Flugbetrieb ist gesetzlich verpflichtet eine ‚Sicherheitskultur' zu leben, bei der jede/r Mitarbeiterin/er für Sicherheit verantwortlich ist. Das wird im Englischen als ‚"how people behave in relation to safety and risk when no one is watching" bezeichnet.

Der gute Wille eine Sicherheitskultur zu leben ist aber zu wenig, wenn Fachwissen, Koordination und klare Zuständigkeiten nicht genau definiert sind. In der Luftfahrt wird deshalb auf genaue betriebliche Anweisungen besonderer Wert gelegt. Die genaue Dokumentation erfolgt durch ‚Manuals' (Handbücher die regelmäßig revidiert werden), ‚Standard Operating Procedures' (Abläufe im Flugbetrieb die Sicherheit und firmenspezifische Erfordernisse zusammenführen) und ‚Checklisten'. Diese sind Führungs-werkzeuge die sicherstellen, dass wichtige Aufgaben und Schritte erledigt werden. Sie strukturieren Arbeitsabläufe, minimieren Fehler und sorgen für Effizienz.

6.3. Checklisten – Aufbau und Anwendung im Flugbetrieb

Um in komplexen Welten die vorgegeben Ziele einzuhalten, bedarf es einer Struktur, die in ihrem Aufbau wiederum nicht fehleranfällig sein darf.

Betrachtet man das Arbeitsumfeld von PilotInnen, so erkennt man sehr rasch, dass eine effiziente und sichere Umsetzung aller Vorschriften nur so gelingen kann. Die Vorgaben des Managements, der Flugzeughersteller, der Aufsichtsbehörden etc., umfassen in der heutigen Zeit mittlerweile mehrere tausend Seiten. Gepaart mit der zunehmenden Globalisierung spielt auch eine unterschiedliche Wertekultur eine nicht unwesentliche Rolle, wenn es darum geht, Vorschriften sicher umzusetzen. So ist es nur nachvollziehbar, dass auch scheinbar unwesentliche Schritte der Bedienung eines Flugzeuges, durch Verfahren geregelt sind. So oblag zum Beispiel das Einschalten der Landelichter früher der Erfahrung des Kapitäns, so ist es heute eindeutig geregelt. In 10.000ft werden sie eingeschalten. Und wenn es darum geht Abweichungen anzusprechen, so reicht oft schon eine Landesgrenze, um eine sehr differenzierte Sichtweise, wann was anzusprechen ist, zu erkennen. Und somit wird auch dies geregelt.

Alle Vorschriften in Verfahren und Checklisten zu packen, ist für die Flugbetriebsmanager aber eine manchmal schier unlösbare Aufgabe. Passt die Vorschrift für die meisten Situationen, gibt es immer eine, wo sie nicht zu 100 Prozent passt. Oder es passiert ein Vorfall, wo die genaue Umsetzung der Vorschrift nicht zur Lösung geführt hätte, so muss natürlich versucht werden diese Regel entsprechend anzupassen. Darf man als Flugzeugbesatzung von einer Vorschrift abweichen? Ja, „in case of emergency – in the interest of safety….“ - so schafft man eine Vorschrift, um von Vorschriften abgehen zu können.

Das Handbuch eines Flugzeugherstellers, das sogenannte OM-B (Operations Manual Part B), beschreibt alle Systeme im Aufbau, in der Funktionsweise und mit allen Bedienelementen, aber auch allen Fehlermöglichkeiten. Der Aufbau ist so komplex, dass es unmöglich ist die Inbetriebnahme des Flugzeuges nach eigenen Vorstellungen oder Vorlieben zu gestalten.

Beispiel:
Stellen wir uns die Bedienungsanleitung eines Autos vor, so hat jeder von uns seine eigene Weise ein und das gleiche Auto in Betrieb zu nehmen. Schnalle ich mich gleich an, oder reicht es nach dem Ausparken? Schalte ich den

Scheibenwischer manuell ein, oder überlasse ich es dem Regenerkennungssensor? Wie sieht es mit Assistenzsystemen aus? Verwenden, eingeschränkt verwenden? Oder gar nicht? Oder vielleicht erst gar nicht bestellen? Ist mein Tank voll? Egal, ich kann ja sowieso jederzeit bei einer Tankstelle stehen bleiben! (Wobei dies im Zeitalter von Elektroautos mit eingeschränkter Reichweite und Verfügbarkeit von geeigneten Ladestellen eine neue Betrachtungsmöglichkeit, und eine der Luftfahrt ähnliche Planung erfordert.)

Fahre ich auch wenn ich krank bin, oder anderwärtig in meiner Fahrtüchtigkeit eingeschränkt bin?

Die strenge Normierung von Vorgängen in der Luftfahrt regelt damit die Zusammenarbeit von Teams, legt Entscheidungsspielräume fest und hat auch klare Lösungsansätze in außergewöhnlichen Situationen. Weiters stellt die feingradige Regelung der Arbeitsabläufe auch sicher, dass der Flugbetrieb im Sinn des Managements erfolgt, obwohl eine hierarchisch übergeordnete Instanz physisch nicht anwesend ist.

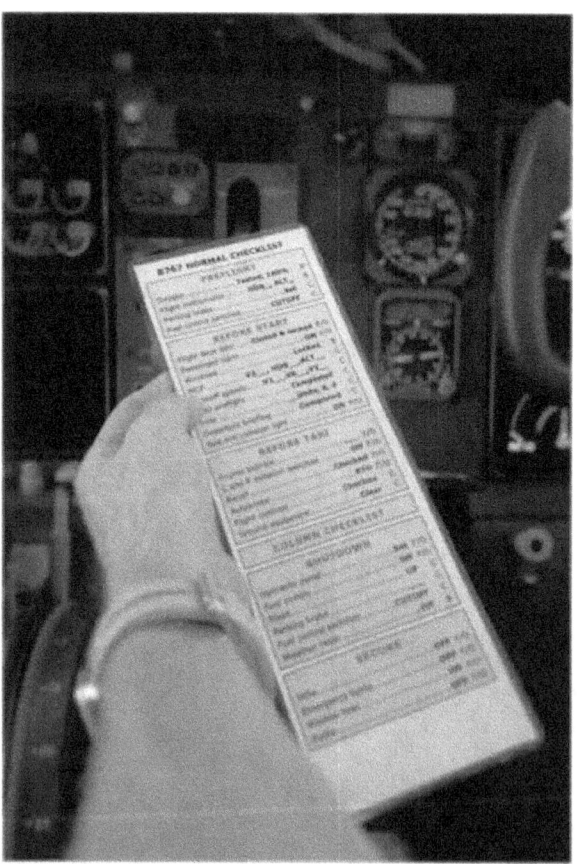

Abb. 6.1: Beispiel der Normal Checkliste Boeing 767-300 (Foto: Ch. Flatschart)

All diese Überlegungen machen sich in der Luftfahrt die Hersteller, Aufsichtsbehörden und das Management. Es wird überlegt in welcher Abfolge es am sichersten ist, die Systeme zu starten und zu betreiben. Die definierten Anforderungen bestimmen welche Systeme eingebaut sein müssen, in welchem Umfang sie unter welchen Voraussetzungen funktionieren müssen, und auch welche Voraussetzungen und Qualifikationen die PilotInnen mitbringen müssen, um die Flugzeuge zu betreiben.

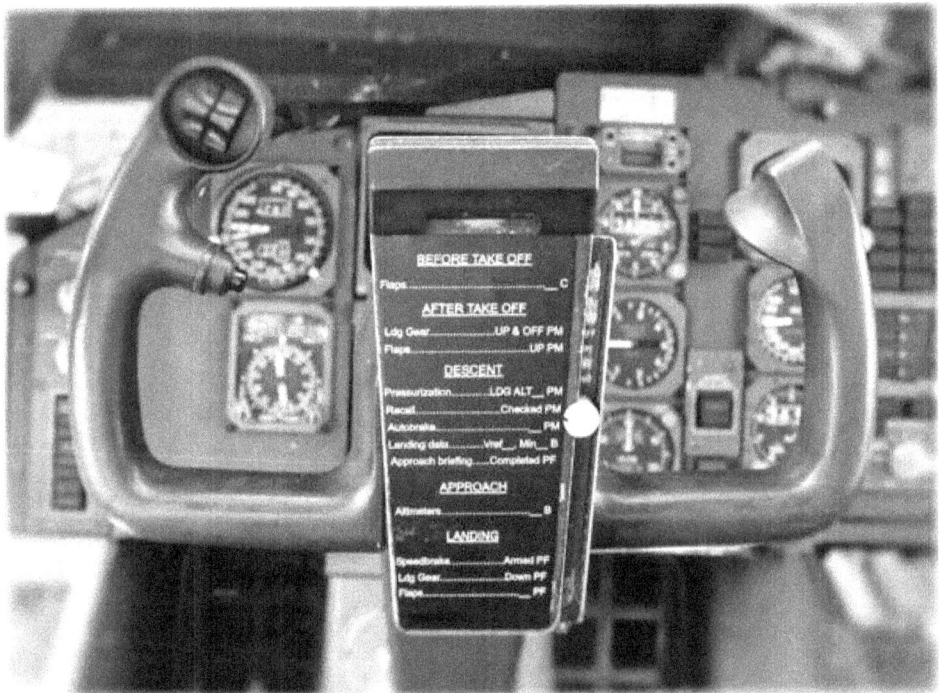

Abb. 6.2: „Inflight" Checkliste mit mechanischer Rastermöglichkeit zur Fehlerreduzierung (Foto: Ch. Flatschart)

Die Inbetriebnahme eines Flugzeuges ist in verschiedene Phasen gegliedert. Für alle Phasen gibt es Checklisten, welche die genaue Reihenfolge und die genauen Voraussetzungen beschreiben, wann welcher Schalter gedrückt/umgelegt werden muss. Nur so ist gewährleistet, dass wichtige Aufgaben und Schritte erledigt werden. Arbeitsabläufe sind somit strukturiert, das Risiko von Fehlern wird minimiert, die Effizienz der Bedienung erhöht. All dies findet sich in der sogenannten „Normal Checklist".

Neben dem normalen Betrieb gilt es auch den Ausfall von Systemen abzudecken. Denn hier ist ganz besonders wichtig, die Parameter für die Fehlereingrenzung und den eventuellen weiteren Betrieb eines Systems innerhalb der Redundanz sicherzustellen. Diese „Non Normal Checkliste" oder „Abnormal Checkliste" ist entweder auf Grund von Anzeigen im Cockpit in Papierform zu verwenden, oder wird in moderneren Flugzeugen automatisch auf Bildschirmen präsentiert. Hier sind die Systeme teilweise so verschränkt, dass die Erledigung eines Checklistenpunktes vom System automatisch erkannt, und entsprechend präsentiert wird. Besonders die letztere Variante ist durch die Eindeutigkeit der Abhandlung sehr ‚fail safe'.

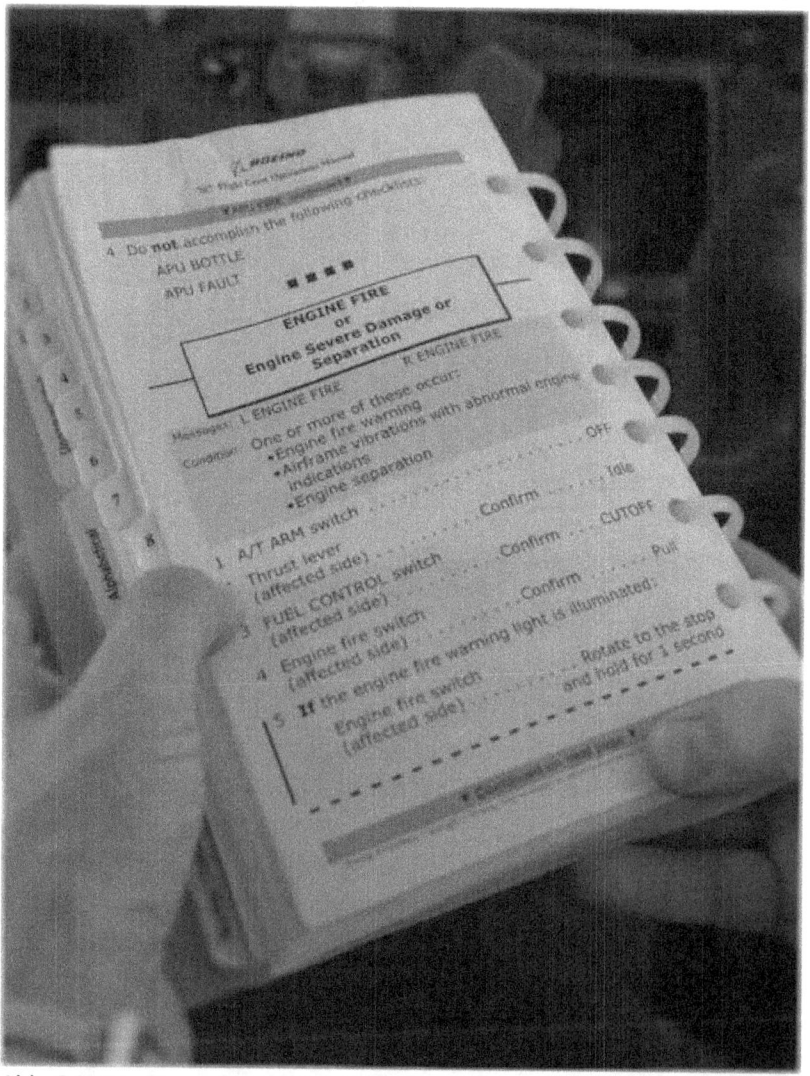

Abb. 6.3: Non Normal Ceckliste - Engine Fire - Boeing 767-300 ((Foto: Ch. Flatschart))

> *Definition "failsafe"* - Fail-safe (englisch für „versagenssicher" oder „ausfallsicher", zusammengesetzt aus fail, ‚ausfallen' und safe, ‚gefahrlos') bezeichnet jede Eigenschaft eines Systems, die im Fall eines Fehlers zu möglichst geringem Schaden führt. Bei einer Maschine oder Anlage werden systematisch Fehler unterstellt und danach versucht, die zugehörigen Auswirkungen so ungefährlich wie möglich zu gestalten. Das Prinzip kommt aus dem technisch/konstruktiven Bereich (vgl. Rodrigues/Cusick 2012, Pg 210)

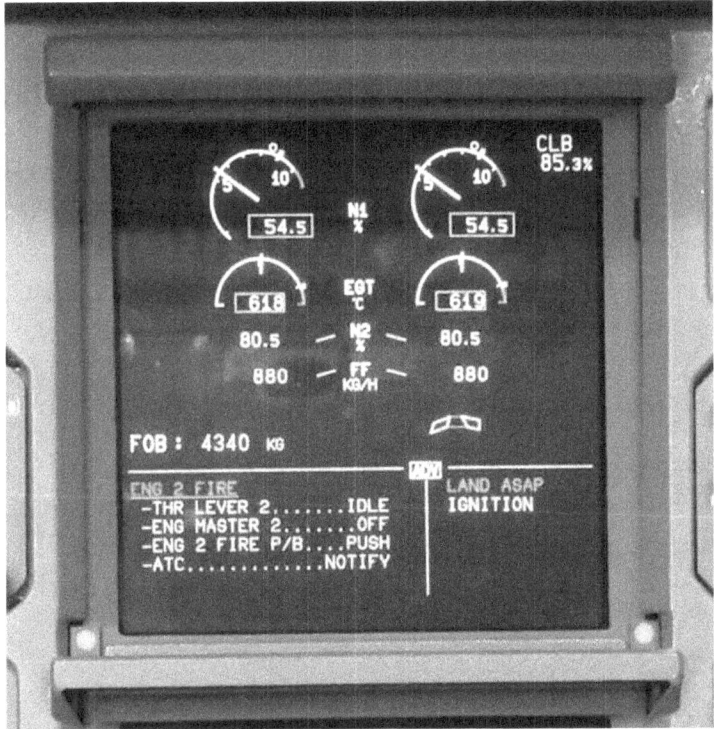

Abb. 6.4: ECAM Checkliste - Engine Fire - Airbus A320 (Foto: Ch. Flatschart)

Betrachtet man die Papierform von Checklisten, die immer noch sehr weit verbreitet ist, so kann man zwei unterschiedliche Konzepte erkennen. Das sogenannte READ and DO, also das Lesen und anschließende Ausführen des Punktes, und als zweites Konzept CHALLENGE RESPONSE, also das Initiieren eines ‚FLOW' in dem die Systeme auswendig geschaltet werden, mit anschließender Kontrolle der wichtigsten Punkte in Form einer Checkliste, wo allerdings nichts mehr ausgeführt, sondern nur noch gecheckt wird.

> In der Luftfahrt bezieht sich der Begriff "Flow" normalerweise auf einen sequenziellen Ablauf von Handlungen oder Schritten, die von Piloten oder Flugbegleitern durchgeführt werden, um sicherzustellen, dass bestimmte

> Aufgaben ordnungsgemäß ausgeführt werden. Ein Flow ist eine Methode, um sicherzustellen, dass wichtige Systeme überprüft, aktiviert oder deaktiviert werden, um einen reibungslosen Ablauf des Fluges zu gewährleisten. Flows können auch dazu dienen, sicherzustellen, dass bestimmte Sicherheitsvorkehrungen getroffen werden, bevor das Flugzeug abhebt oder landet. In den meisten Fällen folgt einem Flow eine Read and do checkliste, um die wichtigsten Punkte nochmals, durch eine andere Person, zu überprüfen

READ and DO-Checklisten können sehr lange und ausführlich sein (siehe Beispiel des Exterior Preflight Checks der Gulfstream IV Fig 3).

Checklisten im CHALLENGE and RESPONSE Verfahren sind eher sehr kurz und prägnant. Ein wesentlicher Vorteil des CHALLENGE RESPONSE Systems ist die die zweifache „Berührung" einzelner Punkte, einerseits im FLOW und andererseits in der Checkliste. Übersieht man einen Punkt im Flow, so wird der Fehler durch die Checkliste abgefangen.

Im Gegensatz dazu ist beim Überlesen einer Zeile der READ and DO-Checkliste, dieser Punkt durch keine zweite Schleife abgedeckt.

6.4. Nobody is Perfect – Checklistenfehler

Die Konstruktion von Checklisten erfolgt in der Luftfahrt zum größten Teil seitens der Flugzeug-Hersteller. Der Betreiber kann Checklisten modifizieren, darf aber keine Teile weglassen die für die technisch/operationelle Zulassung relevant sind. Es können aber Teile hinzugefügt werden (z. B. firmen-spezifische Dokumentationstätigkeiten).

Große Sorgfalt wird auf das Layout verwendet. Idealerweise sind alle Punkte die bei einem Checklisten-Aufruf abzuarbeiten sind auf einer Seite. Im Stress könnte man eine Seite überblättern und wäre dann in einer ganz anderen Checkliste.

Bei Entscheidungspunkten die auf andere Checklisten verweisen besteht ebenso die Gefahr der falschen Fortsetzung, hier ist also große Aufmerksamkeit von den PilotInnen gefordert.

Die Schriftgröße ist ebenfalls bedeutsam. Alle Checklisten bei denen Beleuchtungsverhältnisse schlecht sein können (elektrische Ausfälle) oder die Sicht eingeschränkt ist (Rauch) verlangen große Buchstaben.

Die Abmessungen der Checkliste sollen andererseits eher klein und handlich sein. Eine Checkliste in A4 oder größer behindert Schaltvorgänge und Ablesungen von Instrumenten und Warnlichtern.

Bildschirm-Checklisten haben den Vorteil, dass Rückmeldungen über Systemzustände direkt (z. B. als geänderte Schriftfarbe) dargestellt werden können. Nachteilig kann sich erweisen, dass der Umfang der Checkliste (bei Non Normal Checklisten) nicht sofort ersichtlich ist.

Abb. 6.5: Verzweigung innerhalb einer Checkliste (Foto: Ch. Flatschart)

Nach dem explosionsartigen Ausfall eines Triebwerks (uncontained engine failure) auf einem Airbus A 380 der Australischen Qantas beschädigten davonfliegende Teile Kabelbäume, Hydraulikleitungen und Struktur der Maschine. Als Konsequenz waren sofort 17 ‚Non Normal Cheklisten abzuarbeiten . Das war für die Besatzung nicht sofort ersichtlich, sondern wurde in der Analyse von den Piloten als – für sie überraschende – lange Folge von Checklisten mit teilweise erheblichem Umfang, geschildert. Der Hersteller hat inzwischen eine Modifikation des ECAM durchgeführt, weitere anstehende Checklisten sind jetzt einfacher ersichtlich.

In der Anwendung von Checklisten ist es wohl der größte Fehler, vorhandene Checklisten nicht zu verwenden. Nur konsequente Verwendung schützt vor Fehlern, die selbst dem sehr routinierten Benützer passieren können.

Bei Checklisten können verschiedene Fehler auftreten, die die Wirksamkeit der Überprüfungen oder Aufgaben beeinträchtigen können. Einige Beispiele für solche Fehler sind:

1. Lesefehler: Piloten könnten Schwierigkeiten haben, die Checkliste richtig zu lesen oder zu verstehen, insbesondere in stressigen oder zeitkritischen Situationen. Dies könnte zu Missverständnissen oder falscher Interpretation führen.

- Besonders der Einstieg in die richtige Checkliste ist nicht immer eindeutig. Hier ist es wichtig, der Checkliste nicht „vorzugreifen", also Checklistenpunkte auf Grund der persönliche Erfahrung heraus schon zu schalten, da oftmals die Schalterstellung maßgeblich für die Auswahl der richtigen Checkliste ist.

- Ebenso kann das Fehlen eines erwarteten Warnlichtes Zweifel am Systemzustand hervorrufen, und so die PilotInnen von der richtig gewählten Checkliste abbringen

2. Überspringen oder Verwechslung von Schritten: Wenn Piloten Schritte in der Checkliste übersehen oder überspringen, kann dies zu einer unvollständigen oder fehlerhaften Durchführung der Aufgaben führen.

- Entsprechend werden wichtige Schritte in der Checkliste, ins besonders irreversible Vorgänge, vor der Durchführung vom jeweils anderen Crew Member bestätigt

- Besonders bei langen Checklisten über mehrere Seiten kann eine Weiterleitung auf die nächste Seite eine beträchtliche Fehlerquelle darstellen

3. Ablenkung: Externe Ablenkungen oder Unterbrechungen könnten dazu führen, dass Piloten die Checkliste nicht ordnungsgemäß durchführen oder wichtige Schritte auslassen.

- Non Normal Checklisten stellen eine sehr heikle und komplexe Phase in der Abhandlung eines Notfalles dar. Es gibt zusätzlich zur Checkliste noch klare Strukturen, in welcher Priorität Ablenkungen und Unterbrechungen zu beachten sind. So ist klarerweise immer die oberste Priorität das Flugzeug zu fliegen, an zweiter Stelle folgt die Abarbeitung der Checkliste, danach die Navigation und erst in weiterer Folge die Kommunikation mit der Flugverkehrskontrollstelle und mit der Cabin Crew. Befolgt man diese Vorgabe nicht, so kommt es – unbeabsichtigt – zu massiven Störungen während wichtiger Punkte, zu entsprechender Ablenkung, und natürlich auch zu einer entsprechenden Verzögerung, die zum Beispiel beim Löschen eines Triebwerks von maßgeblicher Bedeutung für die Wirksamkeit des Löschmittels sein kann. Auf diversen Plattformen findet man Beispiele. Zum Beispiel den Funkspruch eines amerikanischen Lotsen, der von der Besatzung eines Luftfahrzeuges während eines Triebwerkausfalles unbedingt die Menge des an Bord befindlichen Treibstoffes in Gallonen wissen wollte. Die Anzeige der Menge war den Piloten aber nur in kg ersichtlich, und eine Umrechnung während der Checkliste? Die Ablenkung in dieser kritischen Phase gegeben, und zu diesem Zeitpunkt ist die Menge des Treibstoffes an Bord für die sichere Flugdurchführung absolut unwichtig.

4. Übereilte Ausführung: In einem Bemühen, schnell zu handeln, könnten Piloten Schritte überstürzen oder nicht gründlich durchführen.

▪ Systemausfälle können zeitkritisch sein. Besonders wenn es sich um Druckabfall in der Kabine, um Feuer und Rauch handelt, ist ein schnelles Handeln unabdingbar. Wie bereits erwähnt, ist es aber gerade hier sehr wichtig, irreversible Handlungen wie zum Beispiel das Löschen eines Triebwerks gemeinsam im Team zu überprüfen und danach durchzuführen. Betrachtet man die Non Normal Checkliste im Falle eines Triebwerk Feuers in Abbildung 2, so ist dies in Form des – confirm – in der Zeile des jeweiligen Checklistenpunktes gut dargestellt. Grundsätzlich kann man sagen, dass in allen anderen als den oben angeführten Systemausfällen, das Durchatmen vor dem Einstieg in die jeweilige Checkliste eine gute Taktik ist, dem „Startle and Surprise" – also dem Überraschungseffekt mit der entsprechenden möglichen Blockade, entgegen zu wirken. Oft wird dies auch durch die Standardisierung von immer möglichen Einstiegsverfahren bewerkstelligt. So kann das Abchecken der wichtigsten Punkte wie Schub – Flugzeugkonfiguration – Analyse der Anzeigen – der Aktion, also der Ausführung jeder Checkliste vorangestellt werden.

5. Verwirrung bei Notfallverfahren: Bei komplexen Notfallverfahren könnten Piloten Schwierigkeiten haben, die richtigen Schritte in der richtigen Reihenfolge auszuführen, insbesondere unter erhöhtem Stress.

- Besonders bei Flugzeugen älterer Generation (vor Einführung von Bildschirmen) war dies durch die Vielzahl der gleichzeitig aufleuchtenden Warnlichter nicht immer eindeutig. In den heutigen Verkehrsflugzeugen übernimmt die Reihung der zu behandelnden Systeme das entsprechende Flugwarnsystem. Ebenso werden durch die elektronische Checkliste die einzelnen Punkte der Checkliste in der richtigen Reihenfolge dargestellt. Bei Flugzeugen mit Papierchecklisten, wie im Beispiel der B767-300, werden zwar die Fehler der einzelnen Systeme in der Reihenfolge priorisiert, die Checkliste selbst wird in Papierform abgearbeitet, und unterliegt dadurch natürlich all den oben beschrieben Fehlermöglichkeiten in stärkerem Ausmaß.

6. Fehlende Aktualisierung: Wenn die Checkliste veraltet ist oder nicht den neuesten Verfahren entspricht, könnten Piloten veraltete Informationen verwenden.

- Hier ist die Organisation der jeweiligen Airline gefordert, die entsprechenden Systeme und Handbücher, und somit auch die Checklisten immer auf dem neuesten Stand, und auch in einem ordnungsgemäßen Zustand zu halten. Gerade Papierchecklisten sind hier besonders anfällig, da sie verschlissen und somit unlesbar sein, oder sogar Seiten fehlen können.

Um all diese Fehler zu minimieren, ist eine gründliche Schulung, regelmäßige Übung, klare Kommunikation im Cockpit und die Verwendung von Human Factors orientiertem Design bei der Erstellung von Checklisten entscheidend. Die Weiterentwicklung von Technologien, die elektronische Checklisten und visuelle Unterstützung bieten, hat auch dazu beigetragen, die Fehleranfälligkeit bei der Verwendung von Checklisten zu reduzieren.

Die korrekte Checkliste, bei Zweifeln ob es zu einem Checklistenfehler gekommen ist, noch einmal sorgfältig ab dem Anfang durchzugehen ist in praktisch allen Fällen sinnvoll und korrigiert Checklistenfehler (einzige Ausnahme: irreversible Checklistenpunkte; die aber immer als solche gekennzeichnet sind).

Dennoch bleibt der Mensch im komplexen Umfeld der wichtigste Faktor, wenn es darum geht in Situation, die nicht durch Checklisten jeglicher Art dargestellt sind, die richtige Entscheidung zu treffen. Zukünftige System sollen so gestaltet werden, dass sie größtmögliche Unterstützung bieten, nicht aber die PilotInnen in ihrer Entscheidungsfindung bevormunden.

6.5. Analyse des Gulfstream IV Unfalls Salzburg 11.04.2017

Auszug aus dem Originaltext des Unfallberichts (Modifikationen zum leichteren Verständnis):

Wenige Sekunden nach dem Abheben von Piste 33 (Richtung Nordnordwest) wurde der Fahrwerkshebel in die Position UP (= einfahren) gestellt. Etwa 20 Sekunden später wurde von der Besatzung festgestellt, dass das Fahrwerk nicht eingefahren war. Das Fahrwerk befand sich aufgrund der gesetzten Safety Pins (Sicherungsbolzen am ausgefahrenen Fahrwerk) weiterhin in der Position Down & Locked (ausgefahren und verriegelt). Die Besatzung vermutete, dass die Safety Pins noch gesetzt waren (CVR – Cockpit Voice Recorder, 08:13:05 – „Why won't the gear come up?" – „I don't know" – „Did you get the pins?" – „We did put the pins in, remember?" – „Oh [...], did we?" – „Yeah"). Auch in den folgenden Minuten wurde noch mehrmals über die Safety Pins gesprochen. Der Pilot war der Überzeugung, dass diese nicht eingesteckt worden wären, weil sie am Vortag vom örtlichen Betreuer des Flugzeuges die Zusage erhielten, dass dieses nicht an eine andere Position verholt werden würde. Im Gegensatz zu den Vorgaben der Postflight inspection (Checkliste!) erachtete die Besatzung deswegen das Einsetzen der Sicherungsbolzen als nicht notwendig. Im weiteren Flugverlauf wurde kein Notruf („Mayday" oder „Pan-Pan") abgegeben.

> Um Fehler zu minimieren haben Safety Pins üblicherweise rote Fahnen mit der Aufschrift ‚Remove before Flight', der Untersuchungsbericht verweist darauf, dass im gegenständlichen Fall diese Fahnen nicht mehr vollständig vorhanden waren.

Die Besatzung entschied sich für eine Rücklandung am Flughafen Salzburg, welche mit dem Kontrollturm koordiniert und auf Piste 15 (Richtung Südsüdost) durchgeführt wurde. Bei der Koordination der Rücklandung kam es zur Verwechslung bezüglich der Landerichtung, wobei der Kontrollturm immer folgerichtige Instruktionen und Freigaben erteilte. Die ursprüngliche Freigabe wurde für Piste 33 erteilt, wobei der Pilot zum Copiloten mehrmals sagte, dass er die Piste nicht in Sicht hätte (CVR, 08:15:02 – „Where's the runway?", 08:15:07 – „I don't see the runway", 08:15:19 – „I do not see it"). In einer Höhe von 1000 ft AGL entschied sich die Besatzung nun für eine Landung auf Piste 15 (08:15:29 – „We just go land on 3-3" – „okay" – „or 1-5 rather" – „1-5 got it", 08:15:59 – „I thought we are going to 3-3"). Dies wurde vom Flugverkehrsleiter im Kontrollturm etwa 10 Sekunden später selbstständig erkannt und eine entsprechende Freigabe erteilt. Während des Endanfluges kam es mehrmals zu akustischen „Sink Rate" Warnungen (Warnung: zu hohe Vertikalgeschwindigkeit) bei 300 ft (08:16:18), 200 ft (08:16:21) und 100 ft (08:16:25). Von keinem der Piloten konnte in den CVR-Aufzeichnungen eine Reaktion auf die „Sink Rate" Warnungen festgestellt werden. Während der Zeitspanne von 08:16:15 bis 08:16:23 wurde am Flugdatenrekorder (FDR) ein EGPWS Alert aufgezeichnet.

Nach einer Flugzeit von etwa 5 Minuten und anschließender Landung verließ das Luftfahrzeug um ca. 08:17 Uhr die Piste über den Rollweg E mit der Anweisung des Kontrollturms, zur Abstellfläche (Apron) zurück zu rollen. Das Luftfahrzeug wurde kurz nach dem Rollhalt auf Rollweg E angehalten, da von der Besatzung ein erhöhter Rollwiderstand des Luftfahrzeuges bemerkt wurde, wobei die Besatzung einen geplatzten Reifen vermutete (CVR, 08:17:53 – „Are you on the brakes?" – „No, I'm not" – „Feels like it, though" – „Oh, we blew a tire" – „You think?" – „I think so"). Die Besatzung entschied, direkt am Rollweg zu überprüfen, ob sich die Safety Pins noch an den Fahrwerken befanden, diese gegebenenfalls zu entfernen und zu prüfen, ob ein Reifen defekt war. Der Kontrollturm des Flughafens Salzburg wurde darüber von den Piloten nicht in Kenntnis gesetzt. Der CVR Aufzeichnung ist zu entnehmen, dass die Maßnahmen unter Eile getroffen wurden: 08:18:16 – „real quick", 08:18:28 – „Go ahead", 08:18:49 – „hurry up". Der Copilot öffnete die Kabinentür und verließ das Luftfahrzeug, um diese Überprüfungen durchzuführen. Währenddessen verließ der Pilot das Cockpit, um die Passagiere in der Kabine über die Lage aufzuklären.

Um 08:20 und 08:22 Uhr wurde jeweils vom Flugverkehrsleiter des Kontrollturms des Flughafens Salzburg erfolglos versucht, mit der Besatzung des Luftfahrzeuges Kontakt aufzunehmen. Ein am Rollweg L vorbeirollendes Luftfahrzeug informierte den Flugverkehrsleiter des Kontrollturms über eine Person am Rollweg, die das gegenständliche Luftfahrzeug verlassen hatte.

Der Copilot, der sich zum Fahrwerk begeben hatte, erkannte, dass die Safety Pins installiert waren und versuchte, diese zu entfernen. Als dieser Versuch scheiterte, da Hydraulikdruck am Fahrwerkszylinder anlag und dadurch der Safety Pin eingeklemmt war, betätigte er mehrmals die Landing Gear Door Control Valves des Bug- und Hauptfahrwerks und installierte die Landing Gear Doors Control Valve Pins (im Folgenden als Door Pins bezeichnet). Dadurch schlossen sich die Fahrwerkstüren, die Hauptzylinder der Hydraulik des Haupt- und Bugfahrwerks wurden drucklos gesetzt und die Safety Pins ließen sich entfernen. Nachdem der Copilot den Door Pin des Bugfahrwerks wieder entfernte, öffneten sich die Bugfahrwerkstüren und das Bugfahrwerk knickte um etwa 08:30 Uhr ein. Der Luftfahrzeugbug senkte sich und schlug auf dem Rollweg auf. 5 bis 10 Sekunden später wurden die Triebwerke abgestellt.

Abb. 6.6: Flugzeug nach dem Einfahren des Bugfahrwerks (Foto: SUB 2017)

Es konnte kein Hinweis darauf gefunden werden, dass vom Bemerken der installierten Safety Pins bis zum Zeitpunkt des Unfalls sowohl die ‚Landing Gear Failure to Retract' als auch die ‚Attempted Landing Gear Retraction with Safety Pins Installed' Checklisten abgearbeitet wurden. Einer der Piloten gab (fälschlicherweise) an, dass keine Checkliste für den Fall existiere, dass die Safety Pins im Fahrwerk vergessen wurden. Des Weiteren konnte in der Auf-

zeichnung des CVR ebenfalls keine vollständige Abarbeitung der folgenden Checklisten erkannt werden: ‚Before Starting Engines', Normal Engine Ground Start', After Starting Engines', Taxi / Before Takeoff', Line Up',Climb', Traffic Pattern',Before Landing',After Landing', Overweight Landing'. Die Rettungskette wurde laut Kontrollturm um ca. 08:30 Uhr in Gang gesetzt. Um ca. 08:45 Uhr rückten die Einsatzkräfte zur Bergung des Luftfahrzeuges aus. Um ca. 21:45 Uhr konnte das Luftfahrzeug mittels Drehschemel in Bewegung gesetzt werden und wurde vom Rollweg E zur Abstellfläche gezogen.
(Ende des Auszugs aus dem behördlichen Unfallbericht)

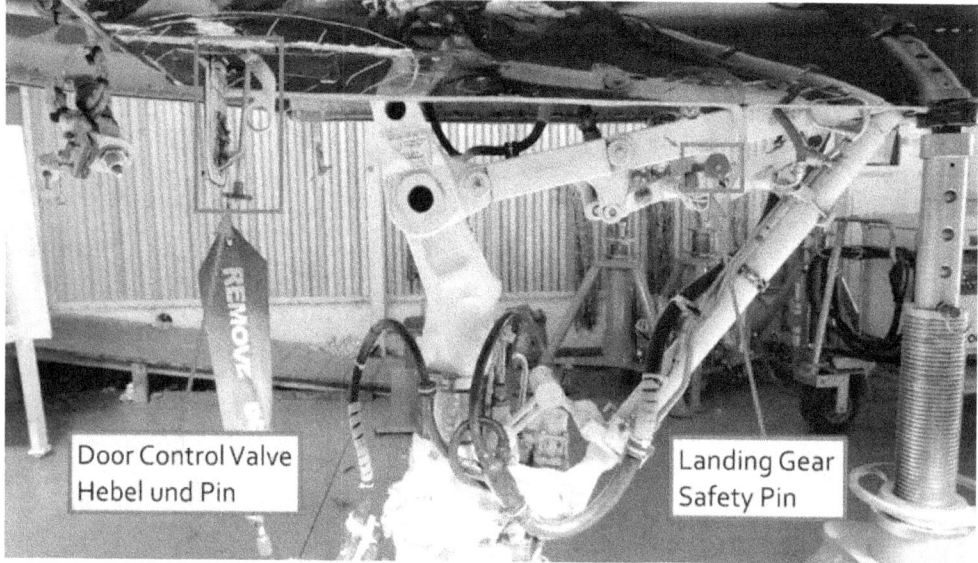

Abb. 6.7: Fahrwerk mit Sicherungs-'Pins' (Foto: SUB 2017)

Es handelte sich nicht um kommerziellen Luftverkehr, sondern um einen Privatflug des Flugzeug-Eigentümers. Glücklicherweise wurde niemand verletzt oder getötet. Wegen der erheblichen Beschädigung des Luftfahrzeugs wurde der Vorfall von der Untersuchungsbehörde als ‚Unfall' klassifiziert.

EU Verordnung 996/2010: „Unfall" ein Ereignis beim Betrieb eines Luftfahrzeugs, das sich im Fall eines bemannten Luftfahrzeugs zwischen dem Zeitpunkt des Anbordgehens von Personen mit Flugabsicht und dem Zeitpunkt, zu dem alle diese Personen das Luftfahrzeug wieder verlassen haben, oder im Fall eines unbemannten Luftfahrzeugs zwischen dem Zeitpunkt, zu dem das Luftfahrzeug für Bewegungen zum Zweck des Flugs bereit ist, und dem Zeitpunkt, zu dem es bei Beendigung des Flugs zur Ruhe kommt und das primäre Antriebssystem abgeschaltet wird, ereignet, bei dem

- eine Person tödlich oder schwer verletzt worden ist durch

a. Anwesenheit an Bord des Luftfahrzeugs oder

b. unmittelbare Berührung mit dem Luftfahrzeug oder einem seiner Teile, einschließlich Teilen, die sich vom Luftfahrzeug gelöst haben, oder

c. unmittelbare Einwirkung des Turbinenstrahls des Luftfahrzeugs,

es sei denn, dass die Verletzungen eine natürliche Ursache haben, dem Geschädigten durch sich selbst oder von einer anderen Person zugefügt worden sind oder es sich um Verletzungen von unbefugt mitfliegenden Personen handelt, die sich außerhalb der den Fluggästen und den Besatzungsmitgliedern normalerweise zugänglichen Räume verborgen haben, oder

- das Luftfahrzeug einen Schaden oder ein Strukturversagen erlitten hat und dadurch der Festigkeitsverband der Luftfahrzeugzelle, die Flugleistungen oder die Flugeigenschaften des Luftfahrzeugs beeinträchtigt sind und die Behebung dieses Schadens in aller Regel eine große Reparatur oder einen Austausch des beschädigten Luft-fahrzeugbauteils erfordern würde, es sei denn, dass nach einem Trieb-werksausfall oder Triebwerksschaden die Beschädigung des Luftfahr-zeugs auf ein einzelnes Triebwerk (einschließlich seiner Verkleidung oder seines Zubehörs), Propeller, Flügelspitzen, Funkantennen, Sonden, Leitbleche, Bereifung, Bremsen, Räder, Beplankung, Panels, Fahrwerksklappen, Windschutzscheiben oder Außenhaut (wie kleine Einbeulungen oder Löcher), oder auf eine geringfügige Beschädigung der Hauptrotorblätter, der Heckrotorblätter oder des Fahrwerks oder auf eine Beschädigung, die durch Hagel- oder Vogelschlag (einschließlich Löcher im Radom,) verursacht wurde, begrenzt ist, oder

- das Luftfahrzeug vermisst wird oder völlig unzugänglich ist;

Schwerwiegende Konsequenzen hatte das übereilte Entfernen der Safety Pins, weil bei diesem Baumuster in den Hydraulikleitungen zum Einfahren des Fahrwerks Druck verbleibt, der erst durch Schaltvorgänge abgelassen werden müsste, bevor die Safety Pins (im Fall eines irrtümlichen Flugzeugstarts) entfernt werden. Die Besatzung hat durch Ignorieren etlicher Checklisten das Flugzeug nicht so betrieben wie es der Hersteller und die Zulassungsbehörde vorsieht. Der entstandene Sachschaden war erheblich. Ob sich daraus weitere rechtliche Konsequenzen für die Piloten ergeben haben, ist nicht Gegenstand des Untersuchungsberichts.

Der sehr geringe Aufwand der Arbeit mit Checklisten hätte bei diesem Unfall verlässlich zu einem problemlosen Flug geführt.

Beispiel 1 ,Normal Checklist' Vorflugkontrolle, vor dem Flug durchzuführen, es sind bei diesem Baumuster insgesamt 136 Prüfpositionen nach Methode: ,Read and Do'.

LEFT FORWARD FUSELAGE:

15. NLG Safety Pin...REMOVE

16. NLG Door Control Valve.................PIN REMOVED / FLIGHT POSITION / COVER SECURE

RIGHT FUSELAGE AND WING:

62. Right Main Landing Gear Door Control Valve.............PIN REMOVED / FLIGHT POSITION

63. MLG Safety Pin...REMOVE

LEFT FUSELAGE AND WING:

119. MLG Door Control Valve ....PIN REMOVED / FLIGHT POSITION

120. MLG Safety Pin...REMOVE

136. Door Control Valve Pins / Landing Gear Safety Pins / Pitot Probe Covers...........STOWED

Abb. 6.8: Teildarstellung der Vorabflug-Checkliste (Quelle: SUB 2017)

Beispiel 2, Selbstbezüglichkeit von Checklisten; die ‚Before Starting Engines' (vor dem Anlassen der Treibwerke) sieht als ersten Punkt folgendes vor:

1. Preflight Checklists ....COMPLETE

Abb. 6.9: Auszug aus der 'Before Starting Engines' Checkliste (Quelle: SUB 2017)

Beispiel 3, Non-Normal Checkliste für den Fall, dass sich das Fahrwerk nach dem Start nicht einfahren lässt:

IF LANDING GEAR STILL FAILS TO RETRACT:

8. Landing Gear Handle ....DOWN

9. Landing Gear DUMP VALVE Switch..............PRESS AND HOLD FOR THREE (3) SECONDS

Abb. 6.10: Auszug aus der Non Normal Checkliste 'Gear fails to retract (Quelle: SUB 2017)

6.6. Abkürzungen

AGL Above Ground Level, Höhe über Grund.

CVR Cockpit Voice Recorder, Audioaufzeichnung von Funk und Gesprächen im Cockpit zum Zweck der Vorfalls/Unfallanalyse.

EGPWS Enhanced Ground Proximity Warning System, Warnsystem das auf den Radio-Höhenmesser, GPS und eine Geländedatenbank zugreift.

ECAM Electronic Centralised Aircraft Monitoring, zentrale Bildschirmanzeige für Flugzeugsysteme des Herstellers Airbus.

FDR Flight Data Recorder, Aufzeichnungsgerät für technisch/operationelle Flugdaten zum Zweck der Vorfalls/Unfallanalyse.

ICAO International Civil Aviation Organization, fachspezifische Agentur der Vereinten Nationen für zivile Luftfahrt.

UTC ... Universal Time Coordinated, Richtzeit in der Luftfahrt; im April 2017 ist die österreichische Lokalzeit UTC + 1.

6.7.   Literatur

Airbus und Boeing Material

Badke-Schaub P, Hofinger G, Lauche K. Human Factors (2008). Human Factors - Psychologie sicheren Handelns in Risikobranchen. Berlin: Springer.

Flugunfalluntersuchung Österreich GZ.: BMVIT-85.245/0003-IV/SUB/ZLF/2019.

Hawkins, Orlady 'Human Factors in Flight' 1993, Ashgate, Brookfield VT USA.

ICAO Doc 9859 4th Edition, Montreal, Kanada.

Loukopoulos, Dismukes, Barshi 'The Multitasking Myth' 2009, Ashgate Burlington VT USA.

McAllister, 'Crew Resource Management' 1997, Airlife Publishing, Shrewsbury UK.

Rodrigues, Cusick. ‚Commercial Aviation Safety' 2012, Mc Graw Hill, New York USA.

Besonderer Dank an Lufthansa Aviation Training Austria für die Ermöglichung der Fotografie in einem A 320 Simulator, und an Senior First Officer Jeroen De Man im B767-300 CockpitEdmondson, A. (1999). Psychological Safety and Learning Behavior in Work Teams.

7. Führung im Krisenmanagement nach DIN ISO 22361

Dr. Klaus Bockslaff
Klaus.Bockslaff@verismo.ch
Geschäftsführer, Verismo GmbH

Dr. Martin Schnauber
Martin.Schnauber@verismo.ch
Senior Consultant, Verismo GmbH

7.1. Zielsetzung und Inhalt der ISO 22361

Die neue Norm richtet sich im Wesentlichen an das Management mit strategischer Verantwortlichkeit. Die Betonung der neuen DIN ISO 22361 liegt in ihrer Methodik und in der grundsätzlichen Frage „Wie gehe ich in einer Krise vor? Wenn ich nichts mehr habe, habe ich dann wenigstens eine Vorgehensweise, eine Grundstruktur?"

Zielsetzung bei der Entwicklung der ISO 22361 im Zeitraum September 2019 bis November 2022 war es, für Organisationen jeglicher Art eine Orientierungshilfe für eine vorbildliche Vorgehensweise zum Krisenmanagement zu geben. Die strategischen Entscheidungsträger sollen dabei unterstützt werden, eine „Befähigung zum Krisenmanagement" aufzubauen und zu erhalten. Dies gilt für alle Phasen des Krisenmanagements: von der Planung, dem Betrieb bis zur ständigen Verbesserung.

Die Norm soll sowohl bei der Entwicklung der Fähigkeit einer Organisation, ein Krisenmanagement zu betreiben helfen als auch das Verständnis der Zusammenhänge erläutern. Die Herausforderungen des Krisenmanagements bis hin zum Erkennen der Komplexität, die auf ein Krisenteam im Einsatz zukommen, werden ebenso beleuchtet, wie die erfolgreiche Kommunikation während einer Krise und das Lernen aus der Krise.

7.2. Aufbau einer Fähigkeit zum Krisenmanagement

Um in einer beliebigen Organisation (Unternehmen, Behörde, Körperschaft des öffentlichen Rechts, Stiftung, Verein, Institution, etc.) eine Fähigkeit zum Krisenmanagement aufzubauen und zu erhalten, sind einige Elemente des Krisenmanagements und der Krisenmanagement-Prozess festzulegen und zu beschreiben.

Führung ist nicht nur in der Krisenstabsarbeit gefragt, sondern eine wesentliche Aufgabe der obersten Leitung beim Aufbau, Betrieb und der Verbesserung des Krisenmanagements. Deshalb ist die Einbeziehung des Spitzenmanagements entscheidend, um die Zielsetzungen des Krisenmanagements und deren Zuschnitt mit der strategischen Ausrichtung und den Grundwerten der Organisation zu vereinbaren. Die oberste Leitung legt Strategie und Ziele fest und kommuniziert die Bedeutung und den Nutzen des Krisenmanagements top-down.

Weiterhin ist die obere Leitung für die Aufbauorganisation verantwortlich, ernennt die notwendigen Funktionsträger, legt deren Ressourcen und Befugnisse fest und gibt Leitlinien für die Information und Kommunikation sowie die Qualitätssicherung und den Knowhow-Transfer im Nachgang zur Krisenbearbeitung.

Die Organisation soll bei den Mitarbeitern eine Kultur fördern, die ausgelegt ist auf die Erkennung von organisatorischen Risiken durch Meldung von kleineren Vorkommnissen, die eskalieren können (Steigerung des Risikobewusstseins und der Resilienz), um das Engagement für das Krisenmanagement zu erhöhen. Das bedingt eine offene Kommunikation von Visionen, Zielen und Vorgaben sowie zugehörige Schulungen und Übungen.

Die Entwicklung des Bewusstseins, der Kenntnisse und Fertigkeiten führt zu einer positiven Einstellung zum Krisenmanagement. Hierzu sollen sowohl die reale Bearbeitung von Krisen als auch Schulungen und Übungen systematisch überprüft und ausgewertet werden. Dieses operationale Lernen führt zur ständigen Verbesserung der Fähigkeit zum Krisenmanagement.

Im Krisenmanagement-Prozess werden Vorgaben zur Antizipation und Beurteilung sowie der Prävention und Schadenminderung für den Krisenfall gemacht. Für den Prozess sind die Bereitschaft der Krisenorganisation (Alarmierung und Verfügbarkeit), die Reaktion mit der Ablauforganisation, die Wiederherstellung (Rückkehr zur „Normalität" unter Berücksichtigung strategischer Chancen mit Regeneration der Organisation und Plänen zur Weiterentwicklung) sowie die ständige Verbesserung mittels Debriefing, dem Lernen aus der Krise und der Umsetzung der Erkenntnisse zu beschreiben.

7.3. Führung in der Krise

Das Kapitel 7.3 beleuchtet die verschiedenen Facetten von „Führung in der Krise". Es wird in einem Schaubild aufgezeigt, welche zentrale Führungsfertigkeiten und -eigenschaften für die Arbeit im Krisenteam benötigt werden, insbesondere für die Leitung des Krisenstabs. Aus dieser Zusammenstellung lässt sich für jede Funktion des Krisenstabs ein für die jeweilige Organisation spezifisches Anforderungsprofil extrahieren, welches bereits bei der Personalauswahl zur Besetzung der Funktion genutzt werden kann. Der Abgleich des Anforderungsprofils der jeweiligen Funktion mit dem Leistungsprofil des Kandidaten führt zu einer möglichst optimalen Besetzung der Funktion. Bei Bedarf kann weiterer Ausbildungs-, Schulungs- und Trainingsbedarf abgeleitet werden.

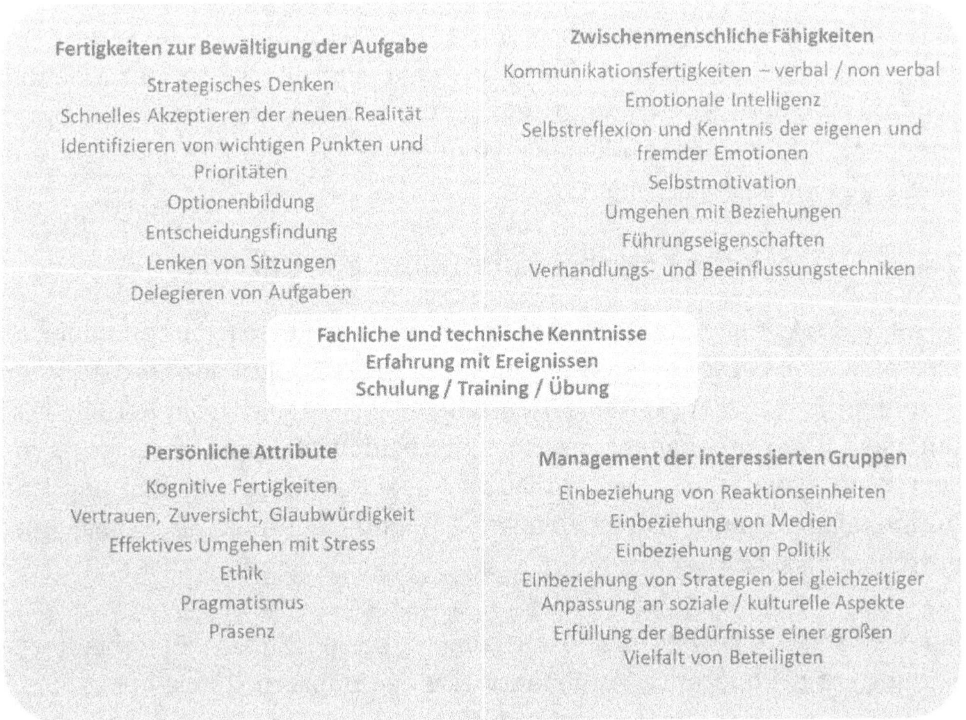

Fertigkeiten zur Bewältigung der Aufgabe

Strategisches Denken
Schnelles Akzeptieren der neuen Realität
Identifizieren von wichtigen Punkten und Prioritäten
Optionenbildung
Entscheidungsfindung
Lenken von Sitzungen
Delegieren von Aufgaben

Zwischenmenschliche Fähigkeiten

Kommunikationsfertigkeiten – verbal / non verbal
Emotionale Intelligenz
Selbstreflexion und Kenntnis der eigenen und fremder Emotionen
Selbstmotivation
Umgehen mit Beziehungen
Führungseigenschaften
Verhandlungs- und Beeinflussungstechniken

Fachliche und technische Kenntnisse
Erfahrung mit Ereignissen
Schulung / Training / Übung

Persönliche Attribute

Kognitive Fertigkeiten
Vertrauen, Zuversicht, Glaubwürdigkeit
Effektives Umgehen mit Stress
Ethik
Pragmatismus
Präsenz

Management der interessierten Gruppen

Einbeziehung von Reaktionseinheiten
Einbeziehung von Medien
Einbeziehung von Politik
Einbeziehung von Strategien bei gleichzeitiger Anpassung an soziale / kulturelle Aspekte
Erfüllung der Bedürfnisse einer großen Vielfalt von Beteiligten

Abb. 7.1: Fertigkeiten und Fähigkeiten zur Führung in der Krise

Beispielsweise kann die bei G. Hofinger und C. Becker beschriebene Forderung „Bei Führungspersonen, zu deren Aufgaben Stabsarbeit gehört, sollten entsprechende Kompetenzen Teil der Auswahlkriterien sein oder gezielt entwickelt werden" bei konsequenter Nutzung der Vorgaben aus der ISO 22361 erfüllt werden.

Die Norm schreibt: „Die Fähigkeit, in einer Krise effektiv zu führen, sollte nicht als Folge der Ernennung oder des Status einer Person vorausgesetzt oder als selbstverständlich betrachtet werden. Manager, die ihren Ausbildungs- und Entwicklungsbedarf überprüfen, können die Krisenmanagementfertigkeiten als nützlich betrachten. Es ist wichtig zu erkennen, dass manche Menschen nicht dazu geeignet sind, Krisensituationen zu bewältigen und das Krisenmanagement durchzusetzen, was im Rahmen ihrer Ausbildung und bei Übungen festgestellt werden kann."

Mit den Ausführungen greift die Norm einen sehr heiklen Punkt auf. Der Erfolg der Arbeit eines Stabes hängt maßgeblich davon ab, dass es der Führung gelingt, die „Lösungsfindungskompetenz" des gesamten Krisenteams zu fördern. Welches Persönlichkeitsbild braucht jemand in einer Krisensituation, einer Situation, in der er keine Lösung weiß, um sein Team dennoch zum Erfolg zu führen? Das ist wohl die hohe Kunst im Krisenmanagement, nicht einfach nur irgendeine Checkliste abzuarbeiten, sondern mit dem Krisenstab zu einer vernünftigen und guten Lösung zu kommen. Anforderungen wie z. B. „Emotionale Intelligenz" zu erfüllen, sind eine große Herausforderung.

7.4. Strategische Entscheidungsfindung in der Krise

Im Kapitel 7.4 beschreibt die Norm die strategische Entscheidungsfindung im Krisenfall. Der besondere Wert dieses Kapitels liegt in der deutlichen Betonung der Schwierigkeiten der Entscheidungsfindung. Dabei werden nicht nur die Faktoren benannt, „warum Entscheidungsfindung herausfordernd sein kann" sondern es werden auch die „Dilemmata, Verzögerung und Vermeidung von Entscheidungen" und „Probleme bei der Entscheidungsfindung" angeführt.

Für die eigentliche Arbeit des Krisenstabes, d. h. die „Effektive Entscheidungs- findung" ist die operative Vorgehensweise der Stabsarbeit, wie in Kap. 5.3.5 „Reaktion" beschrieben, von zentraler Bedeutung. Die Kernanforderung an die Vorgehensweise eines Krisenstabes im Ereignisfall ist es, sich nicht von der Dynamik der Situation in spontane Reaktionen treiben zu lassen, sondern den Prozess so zu gestalten, dass es möglich wird, aus der Reaktion zur eigenen Aktion zu gelangen und somit „vor die Lage zu kommen".

Neu in der Norm ist hierbei die grundlegende Anerkennung des Führungszyklus im Krisenmanagement. Dieser dient dazu, im Ereignisfall die Arbeit des Krisenstabes zu steuern und ihm einen ablauftechnischen Rahmen zu geben. In einer Situation, in der der Stab eine konkrete Lösung zunächst nicht hat, sollen in hilfreichen Schritten die erforderlichen Einzelaufgaben, die die Basis einer geregelten Stabsarbeit sind, durchlaufen werden.

Die Beherrschung eines systematischen Prozesses, der auf der Basis einer klaren Analyse der gegebenen Situation basiert, ist die notwendige Grundlage und beginnt bereits in der Anfangs- oder Chaosphase mit der Informationsbeschaffung und der Festlegung erforderlicher Sofortmaßnahmen.

Ein derartiger Krisenmanagementzyklus in Anlehnung an „Bild 5 – Strategische Entscheidungsfindung in der Krise" aus der Norm ist in Abb. 2 grafisch dargestellt. Die einzelnen Schritte werden kurz erläutert:

1. **Alarmierung**: Nach der Entscheidung über die weitere Bearbeitung eines möglichen Krisenfalls im Krisenstab erfolgt die Einberufung der Stabsteilnehmer und es beginnt die Stabsarbeit.

2. **Situation**: Feststellung der Lage und Schaffung des Situationsbewusstseins, bei der Analyse und Beurteilung der Lage sind insbesondere folgende Faktoren zu klären: Was geht vor sich, was sind die Auswirkungen, welche Probleme sind vorhanden, welche Risiken bestehen? Entwicklung eines gemeinsamen mentalen Modells. Anhand einer Auswirkungsanalyse definiert der Krisenstab Möglichkeiten für den besten, schlechtesten und wahrscheinlichsten Ereignisfortlauf.

3. **Ausrichtung**: Nach der Identifizierung der relevanten Probleme: Welcher Endzustand wird gewünscht? Welche übergreifenden Werte und Prioritäten werden dabei als Grundlage und Leitfaden dienen? In Ausrichtung daran legt der Krisenstab die Zieldefinitionen unter Berücksichtigung der Richtlinien der Organisation für die Krisenbewältigung fest.

4. **Optionen**: Der Krisenstab entwickelt verschiedene Handlungsoptionen und bewertet diese einschließlich der Vor- und Nachteile und der jeweiligen Herausforderungen im Hinblick auf den gewünschten Endzustand. Das Ergebnis ist eine nach Prioritäten geordnete Liste möglicher Maßnahmen.

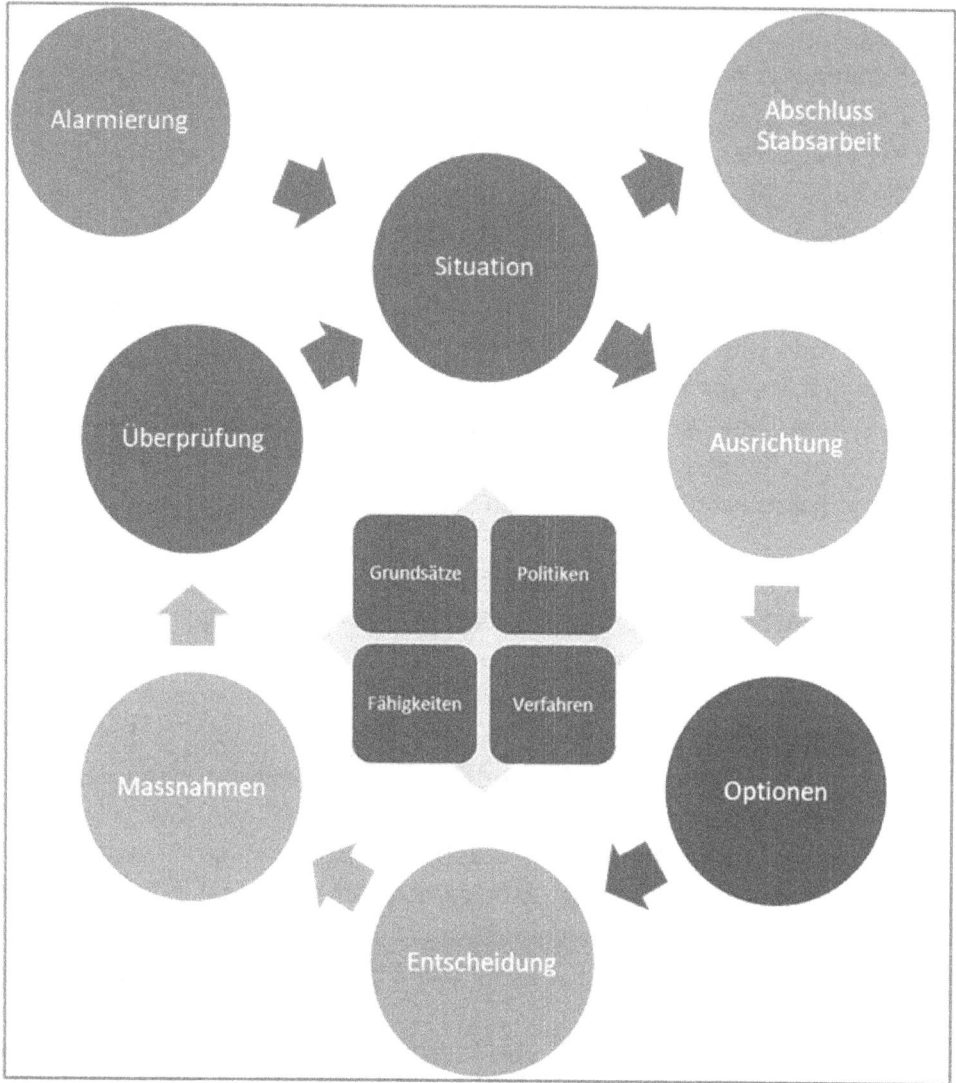

Abb. 7.2: Führungszyklus im Krisenstab

5. **Entscheidung:** Der Krisenstab trifft eine Entscheidung oder Wahl im Einklang mit den strategischen Prioritäten und Werten der Organisation.

6. **Beauftragung von Maßnahmen:** Unter Berücksichtigung des Gesamtziels, der priorisierten Optionen und der verschiedenen funktionalen Perspektiven definiert und beauftragt der Krisenstab die erforderlichen Maßnahmen zur Lösung der Situation und zur Erreichung des gewünschten Endzustands (inkl. Dokumentation und Festlegung der Verantwortlichkeiten und der Termine).

7. **Überprüfung:** Durchführung einer Analyse der Zielerreichung und die Überprüfung und Beurteilung von Entscheidungen und deren Umsetzung sowie eine ständige Nachverfolgung der Umsetzung und der Effektivität der Maßnahmen vervollständigt den Krisenmanagementzyklus. Dabei werden beobachtete Stärken und Schwächen identifiziert und Möglichkeiten zur Verbesserung aufgezeigt. Der Zyklus wird so oft wiederholt, bis das Ende der Krise festgestellt wird.

8. **Abschluss Stabsarbeit:** Zur Wiederherstellungsphase gehört die Bewältigung der Auswirkungen einer Krise und die Rückkehr zur „Normalität" bzw. die Anpassung an neue Umstände, wenn nach der Krise Veränderungen in der Organisation notwendig werden.

7.5. Überprüfung des Krisenmanagements nach der ISO 22361

Das Krisenmanagement einer Organisation kann nach der ISO 22361 auditiert und / oder einer Reifegradanalyse (GAP-Analyse) unterzogen werden. Dabei werden die vorgelegten Dokumente anhand der Vorgaben der ISO 22361 ausgewertet. Der Grad der Erfüllung der jeweils definierten Anforderungen wird anhand festgelegter Kriterien bewertet. Ein Vergleich mit dem gewünschten Sollzustand führt anschließend zur GAP-Analyse.

Nach der Festlegung des Soll-Wertes durch die zu prüfende Organisation erfolgt die Bewertung in jeweils 20 %-Schritten von nicht existent (0 %) über ad hoc (20 %), intuitiv (40 %), definiert (60 %), managed (80 %) bis zu optimiert (100 %). Das Ergebnis der GAP-Analyse wird in einem Netzdiagramm dargestellt (s. Abb. 7.3).

7.6. SWOT-Analyse der DIN EN ISO 22361

Die DIN EN ISO 22361 wurde einer SWOT-Analyse unterzogen.
Strength (Stärken):
- Die Norm bietet einen umfassenden Text zum Thema Krisenmanagement
- Es erfolgt eine klare Unterscheidung zwischen Ereignis- und Krisenmanagement
- Sie ist für alle Organisationen jeglicher Größenordnung anwendbar
- Die Bedeutung der Führung in der Krise steht im Fokus

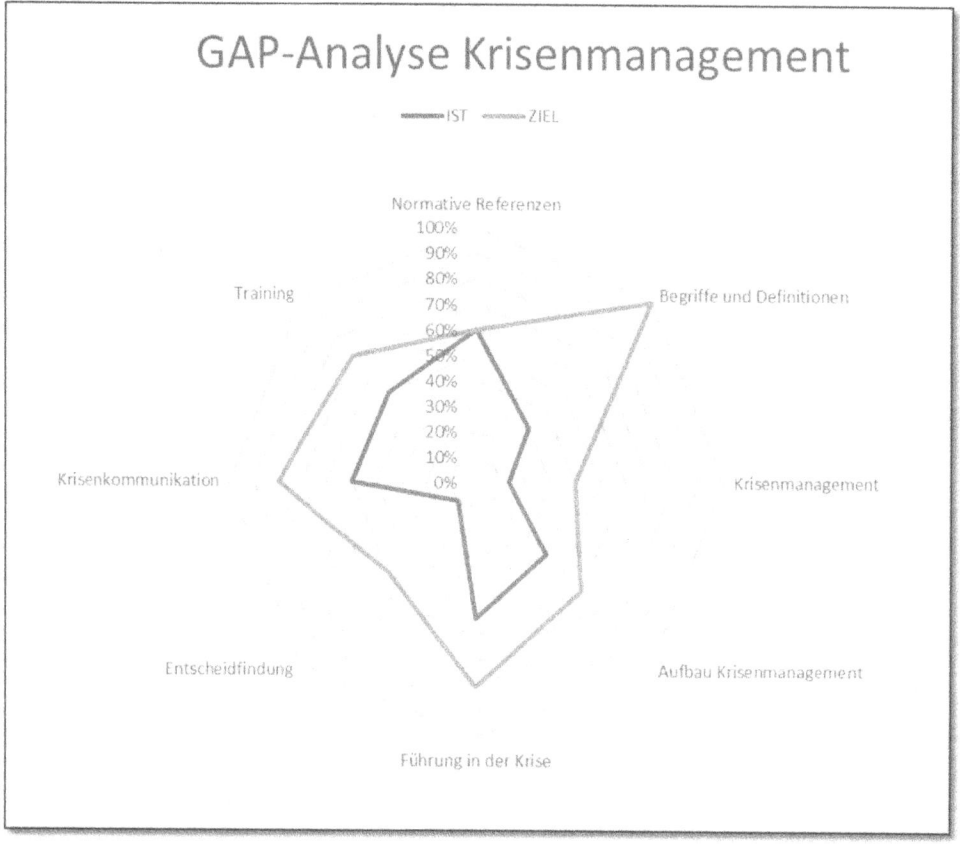

Abb. 7.3: GAP-Analyse Krisenmanagement

- Die persönlichen Anforderungen an die Führungskräfte werden sehr stark hervorgehoben
- Besonderer Wert liegt auf der Bedeutung der strategischen Entscheidungsfindung in der Krise
- Grundsätze der Entscheidungsfindung beinhalten einen stringenten Führungszyklus

Weakness (Schwächen):
- Die Beschreibungen in der Norm sind teilweise sehr umfangreich und gelegentlich redundant
- Die Interaktion zwischen mehreren Stäben (z. B. lokal / regional / global) einer Organisation ist nicht Bestandteil
- Die Anforderungen an die Digitalisierung von Krisenstäben (hybrid / vollständig online) sind nicht enthalten
- Die Abgrenzung und Interaktion der verschiedenen Managementsysteme BCM, RM, NM, ITSCM, integrierte Managementsysteme, etc. werden nicht erläutert

Opportunities (Chancen):
- Die ISO 22361 überwindet Länder- und Staatsgrenzen und ist somit international anwendbar
- Das Krisenmanagement einer Organisation kann nach der ISO 22361 auditiert und / oder einer Reifegradanalyse unterzogen werden

Threats (Risiken):
- Die Anforderungen in der Norm sind zu „weich" formuliert: z. B.: „soll / sollte", wodurch eine Zertifizierung erschwert wird
- Es gibt noch keine akkreditierten Zertifizierer

7.7.   Fazit

Es ist zu wünschen, dass die ISO 22361 weit verbreitete Akzeptanz finden wird. Doch das wird wohl nicht ohne Friktionen ablaufen. Denn die neue Norm lenkt den Fokus der Betrachtung weg von der Frage der Aufbauorganisation hin zur Ablauforganisation.

In der Norm DIN ISO 22361 wird Bedeutung der Führung in der Krise und der persönlichen Anforderungen stark hervorgehoben. Auch die Bedeutung der strategischen Entscheidungsfindung in der Krise wird betont. Die dort niedergelegten Grundsätze der Entscheidungsfindung enthalten eine stringent zu befolgenden Führungszyklus.

Die neue Norm lässt aber auch noch Handlungsfelder offen. Eine besondere Stärke des Krisenmanagements ist die Möglichkeit zur Verwendung einer Vorgehensweise in einer unbekannten und sehr stark fordernden Situation. Der Aspekt der „Lösungsfindung in einer unbekannten Situation" ist in der Norm angedeutet, könnte aber bei den Herausforderungen noch stärker herausgearbeitet werden.

In den Krisen der jüngsten Zeit haben die Organisationen viel Erfahrung mit der digitalen Krisenstabsarbeit sammeln können. Die modernen Anforderungen an ein digitales Krisenmanagement bzw. einen Remote-Betrieb sind bisher in der Norm nicht berücksichtigt. Sie sollten bei der Weiterentwicklung berücksichtigt werden. Dabei ist zu betrachten, welche Möglichkeiten und Schwierigkeiten sich aus der Digitalisierung des Krisenmanagements ergeben können.

Eine weitere Herausforderung besteht in der Internationalisierung des Krisenmanagements. Es sind Regeln dafür auszuarbeiten, wie die Zusammenarbeit an mehreren Standorten einer Organisation erfolgen soll. Dabei ist zu klären, was lokal geregelt oder zentral koordiniert werden kann. Die dafür notwendigen Vorgehensweisen sind zu definieren.

7.8.   Ausblick

Bei der Beobachtung der aktuellen Situation fallen die folgenden Punkte ins Auge:

1. Die Herausforderungen für das Krisenmanagement einer Organisation sind z. B. während der Ukraine Krise wesentlich komplexer als während der Corona Krise.

2. Der Stellenwert des Krisenmanagements in den Unternehmen und Organisationen hat sich durch die Erfahrungen deutlich verbessert.

3. Insbesondere die Bedeutung einer strukturierenden Methodik hat sich durchgesetzt.

4. Die Herausforderungen des „Führens in der Krise" sind deutlich von der „Führung in der Linie" zu unterscheiden.

5. Es gibt noch ein Leben in den Unternehmen / Organisationen außerhalb des Krisenraumes und nach der Krise.

Für die Zukunft ist damit zu rechnen, dass Krisenmanagementsysteme sich an den Anforderungen der ISO 22361 ausrichten werden. Die Erfahrungen mit den aktuellen Krisen in diesen stürmischen Zeiten wird die Grundlage dafür bieten, dass sich eine stringente Führungsmethodik durchsetzen und in geeigneten Handbüchern auch in angemessener Weise beschrieben wird.

Moderne Krisenmanagement Tools werden die Möglichkeiten der Digitalisierung über Alarmierungslösungen hinaus nutzen und in einem „Verbund der Systeme" verknüpft werden. Damit wird die Grundlage geschaffen, um den Anforderungen des modernen Krisenmanagements mit seinen enormen Herausforderungen gerecht zu werden.

Schließlich bietet die neue Norm ISO 22361 die Möglichkeit, den Umsetzungsgrad seiner Anforderungen an einem international anerkannten Standard zu messen und zu auditieren. Die Diskussion mit dem Argument, „wir haben doch schon alles" könnte damit beendet werden.

8. Komplexitätstoleranz und Ambiguitätstoleranz

Frederike Strub
post@fstrub.de
Coach, Supervisorin & Organisationsentwicklerin, Frankfurt am Main

8.1. Einführung

Umgang mit Komplexität aus Sicht der Organisationsberatung
Mit Komplexität umgegangen wird von Einzelpersonen in Gruppen oder Teams innerhalb einer Struktur.

Personen können unterschiedliche intrapersonelle Kompetenzen zum Umgang mit Komplexität mitbringen oder entwickeln wie Ambiguitätstoleranz, Need of Closure, Konfliktkompetenzen usw.
Ein Team braucht intrapersonelle Kompetenzen wie Kommunikation, Konfliktfestigkeit, Kompromissfestigkeit, diverse Entscheidungsformen usw.
Organisationen benötigen dafür Strukturen und Prozesse, die Arbeiten und Führung in Komplexität ermöglichen wie Crossfunktionalität, dynamische Aufbau- und Ablauforganisation, flexible und statische Regeln usw.
Wegen dieser Mehrdimensionalität im Umgang mit Komplexität braucht es aus Sicht der Organisationsentwicklung auch Ansätze auf den verschiedenen Ebenen. Im folgenden Text liegt der Fokus auf der Ambiguitätstoleranz und Komplexitätstoleranz der Person und dem Thema Führung.

8.2. Definitionen

8.2.1. Ambiguitätstoleranz

beschreibt die Fähigkeit, Mehrdeutigkeiten, Widersprüchlichkeiten, ungewisse und unstrukturierte Situationen, wahrzunehmen, ertragen zu können und darin handlungsfähig zu bleiben.
Sie kann sich beziehen auf
- innerpsychisch Mehrdeutiges,
- mehrdeutige Situationen,
- Mehrdeutiges innerhalb von Gruppen bis hin zu Kulturen
- Multirationalitäten oder Werte einer Organisation.

(Strub, 2017)

8.2.2. Komplexitätstoleranz

bezeichnet die Tendenz von Personen persönlich bedeutsame Situationen mit erhöhter Komplexität als

- Belastung,
- Herausforderung
- und/oder Notwendigkeit

zu bewerten. (Radant & Dalbert, 2006)

8.3. Die Komplexitätstoleranzskala (KTS) (Radant & Dalbert)

Die Komplexitätstoleranzskala wurde von Matthias Radant und Claudia Dalbert an der Martin-Luther-Universität Halle-Wittenberg entwickelt.

- Sie umfasst 20 Items.
- Sie misst Komplexität als Belastung, Herausforderung und / oder Notwendigkeit
- Die KTS wurde entwickelt auf Grundlage diverser Persönlichkeitskonstrukte; unter anderem die Ambiguitätstoleranz (Frenkel-Brunswik, 1949) der Ungewissheitstoleranz (Dalbert, 1999), des Need for Cognitive Closure (Webster & Kruglanski, 1994) oder die Personal Need for Structure (Neuberg & Newsom, 1993).
- Der Test ist in Kürze auf der Website www.i-love-complexity.com zu finden.

8.4. Die Entwicklung von Komplexitätstoleranz

Ob es sich bei Ambiguitäts- und Komplexitätstoleranz um ein konstante oder entwickelbare Persönlichkeitskonstrukte handelt, wird unterschiedlich benannt.

Ambiguitätstoleranz wird in der Psychologie folgendermaßen verortet: "Inhaltlich ist Ambiguitätstoleranz ein relativ konsistenter Persönlichkeitszug (trait)" (Wenninger, 2000, S. 62).

Gegen eine konsistente Eigenschaft der Ambiguitätstoleranz sprechen die folgenden Forschungen.
Doris Klappenbach (2012) weist in einer explorativen Studie zur retrospektiven Evaluation einer **Mediationsausbildung** an der Freien Universität Berlin für interkulturell arbeitende Personen eine Steigerung der "Ambiguitätstoleranz, Toleranz und Souveränität im Umgang mit schwierigen und konfliktreichen Situationen" durch diese Ausbildung nach (S. 54).

Riley et al. (2013) setzen in der Ausbildung von Buchhaltungs- und Finanzdienstleitern eine **Geschäftssimulation** ein, die zur Steigerung des Bewusstseins für eine dynamische Wirtschaft führen soll und die Befähigung zu einer zukünftigen Rolle als Führungskraft verfeinert. Genauer verfolgen Riley et al. folgende Ziele: "Steigerung der Entscheidungsfähigkeit in einer organisierten und disziplinierten Weise", "den Umgang mit und die Lösungen von unstrukturierten Problemen", sowie die "Entwicklung von Ambiguitätstoleranz bzw. ein Verständnis für Ambiguität" (S. 802, Übersetzung durch die Verf.). Leider ist dieser Ansatz bis jetzt nicht empirisch untersucht, das Beispiel zeigt aber, dass auch im Bildungswesen davon ausgegangen wird, dass Ambiguitätstoleranz oder zumindest das Verständnis dafür entwickelt werden kann.

Bredendieck (2015) untersucht empirisch menschliche Diversität und Fremdverstehen in einer quantitativen Studie. Er untersucht u. a., wodurch sich die Fähigkeit des Fremdverstehens verändert und kommt zu dem Ergebnis: Menschen mit einer "geringen sozialkognitiven Reife erreichen ein hohes Niveau an Fremdverstehen, wenn sie über **reichhaltige Diversitätsbeziehungen** verfügen" (S. 296). Verfügt ein Mensch also über ein geringes Verständnis für die Andersartigkeit und Fremdheit anderer Menschen (ein der Ambiguitätstoleranz sehr ähnliches Konstrukt) und besitzt wenig "soziobiografische Anregungsbedingungen" (ebd.), entwickelt sich sein Fremdverstehen (gemessen u. a. mit Ambiguitätstoleranzskalen) durch Auslandsaufenthalte oder reichhaltige interkulturelle Begegnungen.

In der Kunst ist Komplexität im Gegensatz zu vielen anderen Bereichen ein Qualitätsmerkmal. Erst wenn ein Werk Komplexität beinhaltet, wird es als solches anerkannt (Krieger & Mader, 2010).

Komplexität wird vor allem in den Anteilen von Kunst erlebt, die letztendlich nicht erklärbar sind, was auf den Komplexitätsanteil Nichtwissen oder Ungewissheit verweist.

Forschungen der Neurobiologie zu inneren Bildern und der Wahrnehmung von Ambiguität im Rezeptionsprozess bestätigen den Zusammenhang auf neuronaler Ebene (Zeki, 2010).

Ferner verweisen die Analogie von künstlerischen und psychischen Prozessen auf den Sinn der Nutzung von Kunst im Umgang mit Komplexität. (Strub, 2017)

Künstler*innen formulieren ihr Verhältnis zu verschiedenen Anteilen der Komplexität vielfach:

- Kandinsky: "Jede Form ist vielseitig. Man entdeckt an ihr immer und immer andere glückliche Eigenschaften."

- Henry Moore: "Plastik sollte nie sofort alles über sich aussagen."
- Gerhard Richter: "Ich mag das Unbestimmte und Uferlose und die fortwährende Unsicherheit."
- William Egglestone: "I am at war with the obvious."
- Isa Genzken: "There is nothing worse in art than, 'you see it and you know it'" (Alle Zitate in Krieger, 2010, S. 14)
- Tove Jansson: "All things are so very uncertain, and that's exactly what makes me feel reassured." (1957 / 2013).

Ob durch die Auseinandersetzung mit Kunst die eigene Komplexitätstoleranz gesteigert wird, ist nicht beforscht. Aus meiner Beobachtung dient sie aber der Auseinandersetzung mit dem Thema Komplexität auf eine positive und risikoarme Art.

Diese vier Möglichkeiten Ambiguitäts- oder Komplexitätatoleranz zu entwickeln, beziehen sich stark auf die persönliche Ebene. Der Klassiker unter den beraterischen Interventionen bei Entscheidungsschwierigkeiten in komplexen Situationen ist die Arbeit mit dem Tetralemma (vgl. Sparrer & Varga von Kibéd, 2009). Es eröffnet in Entscheidungsdilemmata fünf verschiedene Handlungsmöglichkeiten, die aber auch das Nichthandeln mit einschließen. Dadurch wird die Ambiguität einer dilemmabehafteten Situation sehr deutlich.
Auch das Modell der vier Seiten einer Nachricht von Schulz von Thun (2001, S. 25-68) zeigt die Ambiguität einer Nachricht. Das Modell kann problemlos in der Beratung adaptiert werden, um zur Entwicklung von Ambiguitätstoleranz beizutragen, - in dem Sinne, dass die Ambiguität einer Nachricht wahrgenommen wird und man sich auch bewusst wird, dass Nachrichten, die man selber sendet, auch ambige sind.

8.5. Führung

Ambiguitäts- und Komplexitätstoleranz sind inzwischen vielfach als Führungskompetenzen benannt worden (vgl. zusammenführend Strub, 2017).

Neben diesen Kompetenzen, die vor allem dazu führen, dass Komplexität nicht negiert wird und Entscheidungsfälle nicht vereinfacht werden, ist das Wissen um notwendige Varietät im Steuerungssystem (Ashbys Law, 1974), um die Möglichkeiten multiperspektivischer Entscheidungsformen und um komplexitätsermöglichende Prozesse notwendig.

Teams, die in komplexen Feldern arbeiten, brauchen neben Teammitgliedern mit einer hohen Komplexitätstoleranz, Multiprofessionalität, eine partizipative Besprechungsstruktur und -kultur, eine Fehlerkultur, die psychologische Sicherheit vermittelt und das Wissen einfache, komplizierte, komplexe und kritische Situationen voneinander unterscheiden zu können und entsprechend darauf zu reagieren.

8.6.   Literatur

Adorno, T. W., Frenkel-Brunswik, E., Levinson, D. J. & Sanford, R. N. in collaboration with B. Aron, M. Hertz Levinson and W. Morrow (1950): The Authoritarian Personality. New York: Harper.

Ashby, W. R. (1974): Einführung in die Kybernetik. Frankfurt: Suhrkamp.

Boost, S. (2016): Dilemmata in agilen Organisationen. Frankfurt. Unveröffentlichte Masterthesis an der Frankfurt University of Applied Sciences.

Bredendiek, M. (2015): Menschliche Diversität und Fremdverstehen. Eine psychologische Untersuchung der menschlichen Fremdreflexion. Wiesbaden: Imprint: Springer.

Klappenbach, D. (2012): Perspektiven mediativer Kompetenzentwicklung. Eine explorative Studie zur retrospektiven Evaluation einer Mediationsausbildung durch interkulturell arbeitende Kräfte aus sozialen und pädagogischen Handlungsfeldern. Frankfurt u. a.: Lang.

Krieger, V. & Mader, R. (Hrsg.) (2010): Ambiguität in der Kunst. Typen und Funktionen eines ästhetischen Paradigmas. Köln u.a.: Böhlau.

Radant, M. & Dalbert, C. (2006): Komplexitätstoleranzskala. Aktuell nur bei den Autoren abrufbar. Zukünftig auf www.i-love-complexity.com.

Riley, R., Cadotte, E. R., Bonney, L. & MacGuire, C. (2013): Using a Business Simulation to Enhance Accounting Education. Issues in Accounting Education, American Accounting Association, 28 (4), 801-822.

Schulz von Thun, F. (2001): Miteinander reden. Störungen und Klärungen. Band 1. Hamburg: Rowohlt.

Sparrer, I. & Varga von Kibéd, M. (2009): Ganz im Gegenteil, Tetralemmaarbeit und andere Grundformen Systemischer Strukturaufstellungen – für Querdenker und solche, die es werden wollen. Heidelberg: Carl Auer.

Strub, F. (2017): Die Entwicklung von Ambiguitätstoleranz. Ansätze der bildenden Kunst. Frankfurt. Unveröffentlichte Masterthesis an der Frankfurt University of Applied Sciences.

Wenninger, G. (Red.) (2000): Lexikon der Psychologie. Heidelberg: Spektrum.

Zeki, S. (2010): Glanz und Elend des Gehirns. Neurobiologie im Spiegel von Kunst, Musik und Literatur. München u.a.: Reinhardt.

9. Unerwartete Herausforderungen in Projekten erfolgreich managen

Prof. Dr. Edgar Weiss

Edgar.Weiss@fh-vie.ac.at

Fachhochschule des BFI Wien für Wirtschaft, Management und Finance

9.1. Ausgangslage

Projekte stehen immer mehr vor der Herausforderung für komplexe, unerwartete und unbekannte Problemstellungen Antworten finden zu müssen. Eine Situation, die auch bei COVID-19 auftrat, die aber in einer V.U.C.A-Welt (Volatility, Uncertainty, Complexity und Ambiguity) oftmals die Alltagsrealität darstellt.

Aus diesem Grund wurde bei einem von der Stadt Wien geförderten Forschungsprojekt an der Fachhochschule für Wirtschaft, Management und Finance des bfi Wien versucht, bereits vorhandene Erkenntnisse über den Umgang mit Unerwartetem und Unsicherheit in Hochzuverlässigkeitsorganisationen auf Projekte und projektorientierte Organisationen zu übertragen.

So wurde die gelebte Praxis von Human-Factors-Expertinnen und -Experten aus der Luftfahrt, der Medizin und von Einsatzorganisationen analysiert, insbesondere wie diese bei unerwarteten und unbekannten Situationen vorgehen. Im Fokus stand dabei Übertragungsmöglichkeiten von Praktiken von Hochzuverlässigkeitsorganisationen, die sich für das erfolgreiche Management von Unsicherheiten in Projekten verwenden lassen, zu finden.

9.2. Vorgangsweise

In einer ersten Runde wurden Human-Factors-Expertinnen und -Experten interviewt um unterschiedlichste Vorgangsweisen vor zu erwartenden Turbulenzen, bei Turbulenzen und nach diesen definieren zu können. Es wurden dabei Experten der Luftfahrt, der Feuerwehr, des Rettungsdienstes sowie des technischen Permanenzdienstes der Stadt Wien befragt.

Im nächsten Schritt wurden moderierte Gruppendiskussionen mit erfahrenen Projektmanager durchgeführt. Im Rahmen der Gruppendiskussion wurden die Projektmanager mit den herausgearbeiteten Übertragungsmöglichkeiten konfrontiert, sodass eine Evaluierung der bestehenden Human-Factors-Praktiken für den Einsatz in projektorientierten Organisationen erfolgen konnte. Daraus ließen sich in weiterer Folge Human-Factors-Methoden, Vorgehensweisen und Tools definieren, die in bestehender oder angepasster Form für projektorientierte Organisationen sinnvoll sind.

Die DiskussionsteilnehmerInnen wurden nach der Dauer ihrer Erfahrung als Projektmanager ausgewählt (mind. 10 Jahre), ebenso wurde auf Diversität hinsichtlich der Branchenzugehörigkeit, des Komplexitätsgrades geleiteter Projekte sowie der Internationalität der Projekte geachtet.

9.3. Human Factors Forschung und Projektmanagement

Welche Erkenntnisse der Human-Factors-Experten lassen sich auf das Projektmanagement übertragen?

Forschungsbereiche der Human-Factors Forschung sind die Einsatzmöglichkeiten bei der Luftfahrt, der Medizin aber auch der Prozessindustrie. Dabei geht es um anwendungsorientierte Fragestellungen und um die Lösung konkreter Problemstellungen, wie sich Fehlerquellen vermeiden lassen und welche Sicherheitsaspekte berücksichtigt werden müssen, wie sich soziale Prozesse verbessern lassen oder auch welche Trainingsinhalte neuen MitarbeiterInnen vor Arbeitsbeginn vermittelt werden sollten.

Dabei gelang es in mehreren Branchen, wie z.B. bei Einsatzgruppen, wie bei der Feuerwehr oder der Rettung, insbesondere aber bei der Luftfahrt, Optimierungen in der Organisationskultur, in der Form der Kommunikation und der Entscheidungsfindung zu initiieren, die eine Verminderung der anfallenden Fehler ermöglichten. Manches davon lässt sich auf das Projektmanagement übertragen, manches davon ist jedoch originär auf diese Branchen bezogen und kann deshalb auch nicht außerhalb dieser Bereiche zur Anwendung kommen.

Welche Ansätze sollten auch für das Projektmanagement berücksichtigt werden:

- **Situation Awareness und Entscheidungsfindung**: Die Entwicklung einer gemeinsamen Situationswahrnehmung, ein Austausch über die unterschiedlichen Sichtweisen und Standpunkte und damit eine Vorgangsweise, die es ermöglicht, Entscheidung zwar nicht gemeinsam, aber aufbauend auf gemeinsamen Wahrnehmungen zu treffen
- **Gestaltung einer Kultur der individuellen Verantwortungsübernahme**: Das Schaffen eines Bewusstseins, dass

jede einzelne Person Bedeutung hat, durch ihre Zugänge und Sichtweisen, wie auch durch unterschiedliche Erfahrungshintergründe

- **Sichtbarmachung der vorhandenen Diversität**: Unterschiedlichkeit besteht immer, die Herausforderung, die sich jedoch ergibt, ist, ob Zeit und Ressourcen auch verwendet werden, um diese Diversität auch sichtbar und besprechbar zu machen.
- **Gestaltung einer Vertrauenskultur im Projektteam**: Wie offen ist die Kultur im Team, wie auch in der Organisation, dass es möglich ist unterschiedliche Meinungen und Standpunkte anzusprechen, hierarchische Differenzen zu negieren und zu wissen, dass auch Fehler und fehlerhafte Einschätzungen erlaubt sind.

9.4. Gewonnene Erkenntnisse

9.4.1. Erkenntnisse zu anwendbaren Tools

Es zeigte sich, dass es in komplexen Projekten besser gelingt, sich auf Turbulenzen einzulassen, wenn der Ablauf nicht vollständig und akribisch genau geplant wird. Mut zur Lücke ist dabei gefragt. Planung wird jedoch weiter wichtig bleiben, aber schwerfällige und rein rationale Verfahren und Routinen können Hindernisse sein. Vorüberlegte Strukturen und klare Ziele werden weiterhin von Bedeutung sein, aber es benötigt des Aufbaus von Vertrauen innerhalb der Projektteams, um bei unerwarteten Situationen abseits der Planung schnell auf diese eingehen zu können.

Auch werden Entscheidungsmodelle geschätzt, die je nach Phase der Entscheidungssituation, Autonomie oder auch klare Leitung betonen. Aus der Vielzahl an Instrumenten der Human-Factors Forschung wurden unter anderem das FORDEC-Modell, Kreativitätstechniken, Triage-Instrumente, systemische Ansätze, die Analyse von „near misses" und Debriefings als hilfreich hervorgehoben.

Es kann klar gesagt werden, dass sich Projektmanager:innen, wie aus der Human-Factors-Forschung und wie aus den Interviews mit Human-Factors-Praktiker:innen klar ersichtlich wurde, von dem Gedanken der vollständigen Planbarkeit auftretender Situationen lösen müssen, um erfolgreich in der Bewältigung von Unerwartetem und Unsicherheit zu sein.
Je größer die Fehlertoleranz und aktive Auseinandersetzung mit Fehlern im Projektteam und in der Organisation sind, desto erfolgreicher werden sie in

der Bewältigung von Unerwartetem und Unsicherheit sein. Je besser Organisationskultur und -struktur, vorhandene Ressourcen und Rahmenbedingungen miteinander harmonieren, desto effektiver werden Projektorganisationen in der Bewältigung von Unerwartetem und Unsicherheit sein

9.4.2. Erkenntnisse in den unterschiedlichen Projektphasen

Weiters wurde erkannt, dass es wichtig ist, sich ob des Zeitpunkts des Projektverlaufs im Klaren zu sein. Es gilt zu bedenken, in welcher Phase sich das Projekt befindet. Dabei ist es notwendig folgende drei Phasen zu unterscheiden: Die Phase, wenn die Projektmitarbeiter mit der Situation, dass unerwartete Herausforderungen auftreten, die in der Planung noch nicht bekannt waren, und deshalb auch nicht berücksichtigt wurden, konfrontiert werden. Die Phase, wenn es darum geht innovative Lösungen zu finden um den unerwarteten Herausforderungen entsprechend zu begegnen und jene abschließende Phase, in der der Umgang mit dem Unerwarteten aufgearbeitet werden sollte, wo es darum geht, daraus zu lernen und der Organisation die Möglichkeit zu geben, in zukünftigen ähnlichen Situationen schon frühzeitiger darauf reagieren zu können.

In den drei Phasen des Umgangs mit Unerwartetem (1. Identifizierung, Analyse und Entscheidung 2. Bewältigung 3. Reflexion) sind deshalb auch unterschiedliche Fähigkeiten und Mindsets notwendig, sowohl auf organisationaler wie auch auf individueller Ebene.

In diesem Sinne bedarf es auch unterschiedlicher Zugangsweisen innerhalb des Projektteams im Bereich der Kommunikation, der Entscheidungsfindung und des Umgangs mit Fehlern.
So wird es während der ersten Phase noch darum gehen bisher getroffene Planungen weiterhin zu berücksichtigen, die vorhanden Prozesse und Abläufe auf ihre weiterhin vorhandene Gültigkeit zu überprüfen und, wie bei Checklisten, zu klären, ob die unerwarteten Ereignisse nicht ohnedies in der einen oder anderen Weise berücksichtigt wurden. Zu Beginn sind also Empathie und hohe Aufmerksamkeit gegenüber kleinen Abweichungen nötig. In der Identifizierungs- und Analysephase verbessern Team-Empowerment und Meinungsvielfalt die Entscheidung.
Sodann gilt es bei der Bewältigung des Unerwarteten Offenheit und Flexibilität zu zeigen, ebenso bedarf es der Akzeptanz von Fehlern und die Bereitschaft direkte und schnelle Kommunikation anzunehmen. Nach der

Entscheidung braucht es vor allem von Seiten der Führung klare Handlungen und Kommunikation.

In der dritten und letzten Phase bedarf es nun der Bereitschaft mit Fehleinschätzungen, mit Planungsfehlern und mit falschen Entscheidungen offen umzugehen. Nicht nach Schuldigen, sondern nach Lösungen für ähnliche Situationen in der Zukunft zu suchen. Nach der Bewältigung sollte also ein Lernprozess begonnen werden, der die gesamte Organisation einschließt.

Je anpassungsfähiger die Entscheidungs- und Kommunikationsstrukturen einer projektorientierten Organisation sind, desto erfolgreicher ist die Organisation in der Bewältigung von Unerwartetem und Unsicherheit.

Je größer die Fehlertoleranz und aktive Auseinandersetzung mit Fehlern im Projektteam und in der Organisation sind, desto erfolgreicher werden sie in der Bewältigung von Unerwartetem und Unsicherheit.

Je besser Projektteams darin trainiert werden, ohne Routinen handlungsfähig zu bleiben, desto erfolgreicher werden sie in der Bewältigung von Unerwartetem und Unsicherheit.

Je besser Organisationskultur und -struktur, vorhandene Ressourcen und Rahmenbedingungen miteinander harmonieren, desto erfolgreicher sind Organisationen in der Bewältigung von Unerwartetem und Unsicherheit.

9.5.   Literatur

Nachbagauer A., Schirl-Böck I., Weiss E. (2020). Unerwartete Herausforderungen in Projekten erfolgreich managen - Erfahrungen aus der Human-Factors, Hochsicherheits- und Resilienzforschung, Springer Gabler.

10. Führung in interkulturellen Teams

Prof. Dr. Stefan Strohschneider
stefan.strohschneider@uni-jena.de
Friedrich-Schiller-Universitaet Jena

10.1. Einführung

Wenn unter dem Tagungsthema „Führen in kritischen Situationen" ein Beitrag über interkulturelle Teams auftaucht, muss das vielleicht kurz begründet werden. Die Zusammenarbeit in einem interkulturellen Team stellt natürlich nicht automatisch schon eine kritische Situation dar, aber es kann schnell dazu kommen. Es gibt im deutschen Sprachraum Praktiker:innen, die das tatsächlich so sehen. Oft habe ich gehört, wie über nicht eingehaltene Zusagen geklagt wurde, wie darüber geklagt wurde, dass Probleme nicht kommuniziert werden, dass man sich im Team unsichtbar macht - dafür aber nach Dienstschluss die Anfragen auflaufen, dass ständig Telefonate kommen, aber keine vernünftigen Emails, dass elementare Fachkenntnisse fehlen usw., usf. Und es gibt im deutschen Sprachraum ausländische Menschen, die dieses Bild gerne um die Gegenperspektive ergänzen würden.
Hier hört man Beschwerden über die extrem unhöfliche Sprache der Deutschen, ihre Regelversessenheit, ihr inkompetentes Sozialverhalten, ihre private Unzugänglichkeit, ihre Inflexibilität usw. usf. Es gibt also Grund zu der Annahme, dass die Vorstellungen darüber, wie Teamarbeit funktioniert und wie man bei der Teamarbeit kommuniziert, auseinanderklaffen können.

Da in vielen der Arbeitsfelder, die auf Plattform-Tagungen vertreten sind, die Teamarbeit immer internationaler wird, will ich in diesem Beitrag einige Erklärungsansätze für interkulturelle Teamprobleme skizzieren und Lösungsansätze diskutieren. Ich gehe dabei davon aus, dass die Organisation der Zusammenarbeit von und in interkulturellen Teams eine Führungsaufgabe darstellt, die bestimmte zusätzliche Kompetenzen (oder vielleicht auch nur Kenntnisse) erfordert. Zunächst aber werde ich kurz die Bedeutung des Themas umreißen.

10.2. Interkulturelle Teamarbeit im Inland – die Lage

„Wir leben im Zeitalter der Teamarbeit" könnte man, nur leicht überspitzt, formulieren. Teams sind allgegenwärtig, sie versprechen schnelle, flexible und effektive Antworten auf verschiedenartigste Probleme und besonders heterogen zusammengesetzte Teams gelten als besonders kreativ und innovativ (Schmidtke & Cummings, 2017). Unter einer Human Factors-Perspektive lässt sich jedenfalls folgendes feststellen:

- Die Luftfahrt und vor allem die Seefahrt sind seit jeher international aufgestellt. Auch hier nimmt die Heterogenität weiter zu, selbst die sog. „National Carrier" arbeiten mittlerweile mit internationalen Crews.
- Im Sektor „Medizin" nimmt die Internationalisierung vor allem Inland stark zu. Dies gilt sowohl für das ärztliche Personal (Ende 2021 gab es rund 57.000 ausländische Ärzte in deutschen Krankenhäusern, als auch für die Kranken- und Altenpflege.
- Eine ähnliche Zunahme internationaler Zusammenarbeit beobachten wir im Sicherheitsbereich; im Inland werben praktisch alle BOS um feste und ehrenamtliche Mitarbeitende mit interationalem Hintergrund.
- Ganz besonders flächendeckend ist internationale Teamarbeit in der technischen Entwicklung verbreitet. Dabei kommt als zusätzliches Element die teilweise oder vollständige Virtualität der Zusammenarbeit ins Spiel (Balasubramanian, 2021)

Ich konzentriere mich in den folgenden Ausführungen auf nationalkulturelle Heterogenität, was dem klassischen Verständnis von Interkulturalität entspricht. Im Prinzip gelten meine Überlegungen aber auch für alle anderen Formen der Heterogenität, vor allem solche die mit Organisationskulturen (z.B. Feuerwehrkultur versus Polizeikultur) oder mit Professionskulturen (z.B. Chirurgen versus Anästhesisten oder Ingenieure versus Betriebswirte) zu tun haben. Ich referiere in diesem Beitrag keine empirischen Befunde, sondern möchte vor allem meine eigenen Erfahrungen bei der Beobachtung von und im Umgang mit solchen interkulturellen Teams reflektieren.

Ausgangspunkt ist die Beobachtung, das in interkulturellen Teams neben den aufgabenbezogenen Führungsaufgaben teambezogene, oder, allgemeiner formuliert, Human Factors-bezogene Führungsaufgaben eine besondere Rolle spielen. Ich möchte das an Hand von theoretischen Konzepten, die schon lange in der HF-Szene genutzt werden, erläutern.

10.3. Shared Mental Models im Team

Als mentales Modell bezeichnet man ganz allgemein eine kognitive Vorstellung von einem bestimmten Funktionszusammenhang (Johnson-Laird, 1989). Als gemeinsames mentales Modell (SMM) bezeichnet man die mehr oder weniger übereinstimmenden Vorstellungen der Mitglieder eines Teams von diesem Funktionszusammenhang.

Die empirische Forschung beschäftigt sich seit 25 Jahren mit dem Konzept und konnte überzeugend belegen, dass sich „gute Teams" durch ein besonders hohes Maß an Übereinstimmung in ihren mentalen Modellen auszeichnen (Zhou & Wang, 2010). Seit den grundlegen Arbeiten von Klimoski & Mohammed (1994) unterscheidet man verschiedene Dimensionen von SMMs:

- Aufgabenbezogene SMMs: Hier geht es um die Übereinstimmung hinsichtlich faktischer, naturwissenschaftlich-technischer oder juristischer Grundlagen, Grenzen und Funktionszusammenhänge. Hierzu gehört auch die Vorgeschichte der Lage (des Projektes, der Aufgabe) sowie die Möglichkeiten ihrer/seiner Weiterentwicklung.
- Teambezogene SMMs: Dieses Konzept umfasst die gemeinsamen Vorstellungen hinsichtlich der Mitglieder und Nicht-Mitglieder des Teams, die verschiedenen Funktions- und Teamrollen sowie die individuellen Stärken und Schwächen der Mitglieder.
- Prozessbezogene SMMs: Dieser Begriff meint die gemeinsamen Vorstellungen hinsichtlich der Organisation und des Ablaufs der gemeinsamen Arbeit. Dazu gehören beispielsweise Vorstellungen von der räumlichen Anordnung (Sitzordnung!), verfügbare Medien, Medienpräferenzen (z.B. Telefon vs. Email vs. digitales Whiteboard), Mediennutzungskonventionen (z.B. Höflichkeitsfloskeln in Emails), der Ablauf der Entscheidungsfindung (z.B. direktiv, partizipativ oder demokratisch), Methoden der Informationsgewinnung und die Konventionen der Weitergabe von Informationen im Team, der Umgang mit Konflikten und nicht zuletzt der kommunikative Stil im Team und Fragen der Höflichkeit. Hinsichtlich all dieser Punkte kann man oft sehr unterschiedliche „kulturelle Voreinstellungen", d.h. non-shared mental models, beobachten.

Ich betrachte die Herstellung von „Sharedness" hinsichtlich all dieser Aspekte als Führungsaufgabe, weil man in der Regel nicht die Zeit hat zu warten, bis sich eine gewisse gemeinsame Teamkultur von selbst herausbildet. Der

Königsweg dafür dürfte allgemein bekannt sein, es sind alle Formen von gemeinsamer Teamreflexion. In verschiedenen Arbeitsbereichen bzw. Industrien haben sich dafür eigene Begriffe und Modelle herausgebildet, u. a.:

- Orientierende Besprechungen vor Beginn der Arbeitsphase: Preflight briefings, Passage planning, Briefing checks, Dailys, Weeklys, etc.
- Reflexionsrunden während der laufenden Arbeit: Inflight briefing, „Lage", Huddle, Scrum, (team-) Timeout, Safety checks timeout, etc)
- Reflektierender Rückblick auf eine abgeschlossene Arbeitsphase: Debriefing, After Action Review, aufgabenorientiertes Team-Debriefing, selbstgesteuertes Debrief, Psychological Debriefing, etc. (zum Debriefing s. Ludwig & Strohschneider, im Druck)

In der praktischen Anwendung, das zeigen viele Beobachtungen und Berichte aus der Praxis, tendieren die meisten dieser Methoden dazu, den Fokus auf die inhaltlichen, die aufgabenbezogenen Aspekte zu richten, aber team- und prozessbezogene Aspekte zu vernachlässigen. In heterogenen Teams ist eine zentrale Führungsaufgabe, gerade diese Aspekte immer wieder anzusprechen, abzuklären und ggf. neu auszuhandeln. Der Grund dafür ist, dass es gerade im Bereich der Teamprozesssteuerung kulturell bedingte „Voreinstellungen" oder Erwartungen gibt, die implizit gelernt und nicht so einfach verbalisierbar sind.
Beispiele für solche impliziten „Voreinstellungen" finden sich zu Beispiel häufig hinsichtlich der folgenden Aspekte:

- Erwartungen an die Teamführung: Klare und sichtbare Führung statt „primus inter pares"
- Erwartungen an die Entscheidungsfindung: Sichtbare Rolle von Alter und Erfahrung, Zurückhaltung bei jüngeren Teammitgliedern
- Informationsweitergabe: Eher auf Nachfrage als aus eigenem Antrieb
- Äußerste Zurückhaltung beim Äußern von Einwänden, Befürchtungen, Unverständnis und Kritik

Gerade dieser letzte Punkt, das sog. „Speaking Up" vor allem der jüngeren, noch unerfahrenen Teammitglieder wird hierzulande in verschiedenen Kontexten für extrem wichtig gehalten um das Team vor Betriebsblindheit zu schützen und die Entwicklung eines SMM zu beschleunigen. In vielen professionellen Teamkontexten wird „speaking up" explizit gefordert und ggf.

geübt (Ginsburg & Bain, 2017). In der interkulturellen Teamarbeit zeigt sich regelmäßig, dass dieses „speaking up" für Menschen, die in Kulturen sozialisiert wurden, in denen Hierarchie eine wichtige Rolle spielt, außerordentlich schwierig ist und praktisch nicht vorkommt. Selbst wenn gezielt nachfragt, bekommt ein freundliches Lächeln, ein sanftes Nicken, ein Augen-Niederschlagen, aber keine konstruktive Rückfrage und schon gar keine Kritik.

Im Vortrag habe ich an dieser Stelle ein Beispiel aus der Seefahrt nacherzählt und diskutiert: Ein Containerfrachter war unter Führung eines Lotsen in einem engen Fahrwasser unterwegs. Der Lotse ließ sich von Computerangelegenheiten ablenken und das Schiff drohte auf Grund zu laufen. Der wachhabende Offizier sah die Gefahr heraufziehen und machte den Lotsen zweimal auf die Situation aufmerksam – tat dies allerdings in so höflichen, indirekten Formulierungen, dass der Lotse die Gefährlichkeit der Lage nicht verstand und überhaupt nicht reagierte. Meine Quelle: MARS 2023-14, https://www.nautinst.org/resources-page/mobile-phone-distraction-huge-salvage-extraction.html

---

10.4. Erklärungsansätze

Ich möchte zwei Theorien diskutieren, die hilfreich sein können, das Phänomen nicht nur des ausbleibenden „speaking up", sondern auch der allgemeinen Probleme bei der Aushandlung von Teamprozessen zu verstehen.

10.5. High-context versus Low-context Kommunikation

Dieser Erklärungsansatz ist einer der Klassiker der interkulturellen Kommunikation und wurde bereits von Edward Hall, einem der Begründer des Faches, vorgeschlagen (Hall, 1976). Gemeint ist das unterschiedliche Ausmaß, in dem der jeweilige situative und soziale Kontext die Art einer Äußerung beeinflusst.

In **Low-context-Kulturen** ist dieser Einfluss gering. Eine Aussage erfolgt kontextunabhängig, ausschließlich sachbezogen, so klar und vollständig als möglich. Es gibt keine Zwischentöne, keine Andeutungen, das soziale Verhältnis der Kommunikationspartner beeinflusst die Art der Aussage nicht. Anders in **High-context-Kulturen**. Hier beobachtet man eine sehr zurückhaltende Kommunikation die viel mit Andeutungen und Zwischentönen arbeitet, der nonverbale Anteil der Aussage ist ausgesprochen wichtig, die Berücksichtigung des Kontexts, in dem eine Aussage getroffen wird, wird vorausgesetzt. Die Frage, ob der oder die

Gesprächspartner älter sind oder jünger, höherrangig oder nicht spielt für die Art des Sprechens eine wichtige Rolle. Natürlich ist diese Gegenüberstellung vereinfacht und grob überzeichnet, aber es wird deutlich, dass aus der jeweils anderen Perspektive die Kommunikation entweder als extrem unhöflich und beziehungszerstörend oder aber als unehrlich, ängstlich und vertrauensschädigend wahrgenommen werden kann.

10.6. Psychological Safety

Dieses Konstrukt stammt ursprünglich „Erfinder" der systemischen Familientherapie Carl Rogers und wird seit den 1990er Jahren von der kanadischen Organisationspädagogin Amy Edmondson popularisiert (Edmondson 1999, 2020). Ihr geht es vor allem um die Frage, warum manche Teams offensichtlich in hohem Maße lernbereit und offen für Veränderungen sind, andere dagegen nicht. Sie macht dafür die unterschiedliche „Psychological Safety" (PS) der Teammitglieder verantwortlich. Die Definition von PS ist nicht besonders präzise, im Kern geht es darum, ob man in einem Team Ideen, Fragen oder Befürchtungen angstfrei äußern kann und für etwaige Fehler oder Irrtümer nicht bestraft oder lächerlich gemacht wird, weil diese vom ganzen Team als Lerngelegenheiten interpretiert werden. PS hat aber auch damit zu tun, Vertrauen in die Entscheidungen anderer Teammitglieder zu haben sowie Fürsorge und Unterstützung zu zeigen (ich habe dafür irgendwo den hübschen Ausdruck von der „mother watch" aufgeschnappt). PS ist damit ein individueller Zustand, bezogen auf ein spezifisches Team und hat viel mit Vertrauen zu tun, mit Respekt, Anerkennung und akzeptiert-sein. PS ist sicherlich auch deswegen so populär geworden, weil es sich unmittelbar mit eigenen Arbeitserfahrungen in unterschiedlichen Teamkontexten abgleichen lässt; wir alle wissen, wie sich PS (oder fehlende PS) in einem Team „anfühlt":

Ich vertrete die These, dass in kulturell heterogenen Teams ein erheblich höheres Ausmaß an PS erreicht werden muss, bevor die so wünschenswerte Offenheit in der inhaltlichen und prozessbezogenen Kommunikation, das berühmte „speaking" up erreicht werden kann. Ich bezweifle, dass man an tief gelernten Höflichkeitsvorstellungen und damit verbundenen kommunikativen Konventionen (high-context vs. low-context) schnell Entscheidendes ändern kann. Die gezielte Arbeit am Gefühl psychologischer Sicherheit bei möglichst allen Teammitgliedern ist aber eine wichtige und durchaus machbare Führungsaufgabe.

10.7. Psychologischer Sicherheit in interkulturellen Teams

Wie kann eine Führungskraft das Gefühl psychologischer Sicherheit in heterogenen Teams fördern? Ich kann hier keinen durch empirische Untersuchungen abgesicherten Werkzeugkasten anbieten, möchte jedoch einige Erfahrungen weitergeben:

1. **Fröhlichkeit und Humor**: Das Klima, das viele deutsche Menschen bei der Teamarbeit schaffen, wirkt aus der Perspektive vieler Menschen anderer kultureller Hintergründe unglaublich ernsthaft, nüchtern und sachbezogen. Was aus unserer Perspektive als vertrauensfördernd erlebt wird (man bleibt bei der Sache, ist professionell), wirkt für jene kalt und distanziert. Die fehlende Leichtigkeit, die fehlende persönliche Note wird als Ablehnung empfunden. Dieser Eindruck kann durch gemeinsames Lachen sehr abgemildert werden, gemeinsame Fröhlichkeit wirkt für die Entstehung von PS oft Wunder. Natürlich muss man dabei im Blick behalten, dass Humor kulturell aufgeladen ist und deutsche Witze international meist nicht funktionieren. Dort, wo das Team bereits eine gwisse gemeinsame Basis hat, wirken Selbstironie, Lob und der ein- oder andere „Spruch" meist positiv auf das Gefühl psychologischer Sicherheit.

2. **Vermischung von Berufs- und Privatleben**: Die saubere Trennung dieser beiden Sphären ist für viele von uns selbstverständlich und meistens Bestandteil des „psychologischen Vertrages" mit unseren Arbeitgebern. Wir arbeiten zwar gerne mit anderen Menschen zusammen aber wir teilen unsere Freizeit nicht mit ihnen (es sei denn, es gibt ein gemeinsames Hobby). Auch das wird oft als Ablehnung interpretiert. Warum lädt der Chef mich nicht nach Hause ein? Warum erzählt der Chef nie etwas von seiner Familie? Vermutlich kann er mich nicht leiden! Zur Herstellung von PS sind deshalb gemeinsame außerdienstliche Aktivitäten und die Öffnung des Privatlebens von enormer Bedeutung. Gemeinsames Kochen hat hier oft tolle Effekte, aber auch alle anderen Arten gemeinsamer Aktivitäten funktionieren gut. Der Kapitän einer deutschen Reederei, der ein Schiff mit einer völlig zerstrittenen internationalen Mannschaft übernahm, hat es mit Tischtennis- und Schachturnieren sowie gemeinsamen Karaoke-Abenden (auf denen er sich selber herzlich blamierte) in kurzer Zeit geschafft, aus der zerstrittenen Mannschaft eine gut funktionierende Crew zu formen. Wichtig ist immer die Botschaft: Du gehörst zu uns!

3. **Veränderte Distanzregulation**: Die körperliche Distanz zu anderen Menschen, mit der wir uns in beruflichen Kontexten im Allgemeinen wohlfühlen (bei den meisten von uns werden das 50-70cm sein), wird von Menschen aus manchen anderen Kulturen als glatte Ablehnung interpretiert, als kalt und desinteressiert. Andersherum wirkt der gewöhnliche Abstand, der in solchen Kulturen als angemessen erlebt wird, auf uns aufdringlich und unangemessen, wir fühlen uns gestresst. Über diese Zusammenhänge muss die Führungskraft das Team aufklären, darüber muss gesprochen werden und, wenn irgend möglich, muss die Distanz fallweise herunter reguliert werden und es müssen Berührungen möglich sein. Ich weiß, dass das ein ganz sensibles Thema ist – aber man kann ja einfach fragen: „Ist das für Dich ok, wenn ich Dir die Hand auf die Schulter lege, um Dich zu unterstützen?" Es ist oft ganz unglaublich, wieviel Vertrauen und PS auf dieser nonverbalen Ebene der Teaminteraktion erzeugt werden kann.

In der Diskussion nach dem Vortrag wurde u. a. die kulturelle Relativität von Humor unterstrichen und davor gewarnt, sich vorschnell an Witzen zu versuchen - das könne auch gewaltige Irritationen erzeugen. Eine weitere Anmerkung betraf die kulturelle Variabilität: Man müsse sich davor hüten, alle Menschen einer bestimmten kultureller Herkunft über einen Kamm zu scheren und mit Verhaltenserwartungen zu belegen, die häufig nichts mehr sind als Stereotype. Beides sind wichtige Anmerkungen, weshalb ich sie gerne hier aufnehme.

10.8. Literatur

Balasubramanian, V. (2021): Mind the gap: gap factors in intercultural business communication: a study of German-Indian semi-virtual tech/engineering teams. Jena. Online unter: https://nbn-resolving.org/urn:nbn:de:gbv:27-dbt-20210628-143009-007.

Edmondson, A. C. (1999). Psychological Safety and Learning Behavior in Work Teams. Administrative Science Quarterly. 44 (2), 350–383. doi:10.2307/2666999. JSTOR 2666999. S2CID 32633178.

Edmondson, A. C (2020). Die angstfreie Organisation. München: Vahlen. [Original 2018: The fearless organization].

Ginsburg L. & Bain, L. (2017) The evaluation of a multifaceted intervention to promote "speaking up" and strengthen interprofessional teamwork climate perceptions, Journal of Interprofessional Care, 31 (2), 207-217, DOI: 10.1080/13561820.2016.1249280

Hall, E. T. (1976). Beyond Culture. New York: Anchor.

Johnson-Laird, P. N. (1989). Mental models. In M. I. Posner (Ed.), Foundations of cognitive science (pp. 469–499). Cambridge, MA: MIT Press.

Klimoski, R. & Mohammed, S. (1994). Team mental model: Construct or metaphor? Journal of Management, 20 (2), 403-437.

Schmidtke, J.M. & Cummings, A. (2017). The effects of virtualness on teamwork behavior components: The role of shared mental models. Human Resource Management Review, 27 (4), 660-677.

Zhou, Y. & Wang, E. (2010). Shared mental models as moderators of team process-performance relationships. Social Behavior and Personality: an international journal, 38 (4), 433-444.

11. Moderne Führung muss zu den Menschen passen

Dr. Walter Schlittenhardt
walter.schlittenhardt@t-online.de
Anästhesist und Intensivmediziner, Geislingen an der Steige

11.1. Entscheiden und Führen in Krisensituationen

Ich darf heute das Bild einer Krise ergänzen um die Sicht eines Teamleaders, der - durch die Corona Pandemie - unerwartet und ohne „Krisenstabskurzausbildung" zu einer Krise kam.
Wie erlebt man diese Situation? Wie versucht man zu führen? Von welchen Werten lässt man sich leiten?

So sehr die Sicherheit einer Arbeit von wohlüberlegten Routinen, Checklisten, SOPs profitiert, so sehr sind wir in Krisen gefordert, auch ohne Routinen handlungsfähig zu bleiben und das Potenzial unseres ganzen Teams optimal zu nutzen.
Entscheidungen müssen schnell genug und oft ohne ausreichende Informationen getroffen werden. Schnelle Entscheidungen - in Krisen notwendig - sind zwangsläufig nicht so gründlich überlegt. Das schafft, neben den Risiken der Krise selbst, ein zusätzliches Risiko falscher Entscheidungen. Und auch Furcht vor späteren moralischen und juristischen Vorwürfen.
Schnelles Handeln unter Ungewissheit braucht Menschen, die Verantwortung übernehmen, obwohl noch keiner das Endergebnis absehen kann. Bürokratische Regeln können dann kontraproduktiv sein. Wer in solchen Situationen **mit Erfolg** gegen Vorschriften handelt, hat dann vielleicht nochmal Glück gehabt. Aber wehe der Erfolg bleibt aus....

Und auch bei einem glimpflichen Ausgang, bleibt man nicht immer von Vorwürfen verschont. Die erste Reaktion der Luftfahrtbehörden auf die (bezüglich der Rettung aller Menschen an Bord) erfolgreiche Notwasserung eines Airbus 320 durch Chesley Sullenberger am 15.Januar 2009, lässt sich mit dem Satz „Er hat gegen alle Vorschriften verstoßen" charakterisieren. Und das stimmt natürlich. Es ist nicht regelkonform, mit einem Airliner in einem Fluss zu landen. Und der Mann hatte noch nicht einmal eine Wasserflugzeuglizenz ;-). Not kennt kein Gebot. Im Grunde wissen wir es schon seit Langem.
Wie kann man sein Team stärken um eine solche Verantwortung tragen zu können?

11.2. Vertrauen im Team

„Kreative Arbeit ist fragil, ein unsicherer Prozess. Ideen müssen entwickelt, vorgeschlagen, ausprobiert, verteidigt oder zurückgenommen werden. Das macht man nur, wenn man sich aufgehoben fühlt in einer Atmosphäre des Vertrauens, des Respekts, des Wohlmeinens." (Reinhard Sprenger; 2002)

Wenn ich jemandem vertraue, gehe ich davon aus, dass er mehr als nur ein instrumentelles Interesse an mir hat. Als Patient erwarte ich, dass mein Arzt mich nicht nur als Einkommensquelle sieht. Als Assistenzarzt erwarte ich, dass mein Chefarzt mich nicht nur als Erfüllungsgehilfen sieht.

Es braucht im Team mehr als nur Arbeitsverträge. Der Mensch hinter der Rolle muss gesehen werden. Ein hoher Grad an Fairness ist wichtig. Transparenz der Entscheidungen, alle Informationen müssen mit dem ganzen Team geteilt werden. Direkter menschlicher Kontakt, man muss sich gegenseitig schätzen. Auf einander aufpassen - weniger im Sinne von Kontrolle, sondern eher als gegenseitiges Bewahren vor Fehlern. „Bitte lasst mich keinen Mist machen".

Man muss sich seinem Team anvertrauen können. Persönliche Umstände müssen berücksichtigt und Ängste müssen verstanden werden.

Wir haben als Ethikkomitee unseren Mitarbeitern signalisiert: Im Falle einer Triage wird es bei uns keine rein formalen Entscheidungen geben. Wir werden immer auch berücksichtigen, wenn jemand sich bei der Arbeit infiziert hat und später ja auch in der Klinik wieder gebraucht wird. Anders wäre es nach meiner Meinung den Mitarbeitern auch nicht zuzumuten, dass sie sich bei der Arbeit selbst gefährden. Und die Klinik hatte auch berechtigte Sorgen, dass andernfalls keiner mehr auf der Intensivstation arbeiten möchte und uns womöglich eine Welle der Kündigungen ins Haus stünde.

Aber diese Aussage ist ein klarer Regelverstoß. Deutscher Ethikrat und DGAI (Deutsche Gesellschaft für Anästhesie und Intensivmedizin) lehnen die Berücksichtigung sozialer Gesichtspunkte strikt ab. Diese Einstellung hat uns und dem gesamten Krisenmanagement aber einen starken Rückhalt in der Klinik eingebracht. Ich halte sie für richtig und bin überzeugt, dass im Extremfall auch keine Klinik einem Regierungsmitglied die Behandlung (auch wenn es Patienten mit besseren Überlebenschancen gegeben hätte) verweigert hätte, im Rahmen einer allfälligen Triagierung.

Aber wir sehen: Entscheidungen, auch wenn sie sehr sinnvoll sind, können später in juristische Komplikationen zu Ungunsten des Verantwortlichen münden.

Die vom Deutschen Ethikrat für solche Fälle eventuell in Aussicht gestellte Nachsicht, tröstet wenig. **„Wer in solch einer Lage eine Gewissensentscheidung trifft…. kann im Falle einer möglichen (straf-) rechtlichen Aufarbeitung des Geschehens mit einer entschuldigenden Nachsicht der Rechtsordnung rechnen.“**

In den Ohren der Menschen, denen die Gesellschaft solche Entscheidungen zumutet, klingt das enttäuschend schwach. Um nicht zu sagen, der Deutsche Ethikrat hat es sich unverschämt leicht gemacht.

„Es kann der Ethik nicht darum gehen, das menschliche Gewissen überflüssig zu machen.“ Es braucht einen Katalog plausibler Triage-Kriterien. Aber wie die zu gewichten sind, bleibt Sache des Gewissens. Und: „Das Recht wäre aufgerufen, für Gewissensentscheidungen … zumindest Raum zu lassen.“ (Adriano Mannino 2021)

11.3. Verantwortung übernehmen

Immerhin schreibt der Ethikrat in seiner Broschüre „Solidarität und Verantwortung in der Corona-Krise (Deutscher Ethikrat, 2020) aber auch: „Unmögliches kann nicht verlangt werden“. Im Grunde banal, trotzdem war es gut, das auch mal auszusprechen. Als Teamleiter darf man das gerne auch an sein Team adressieren: „Wir erwarten zwar vollen Einsatz, aber wir können von niemandem erwarten, dass er fehlerfrei arbeitet.“ Dieses Statement kann die psychologische Sicherheit erhöhen. Sich im Team und durch das Team sicher zu fühlen, ist in der Krisenbewältigung eine wichtige Stütze.

Oft hat man von Regierungskreisen gehört, man fahre jetzt „auf Sicht“. Also man versucht, sich flexibel den sich schnell ändernden Bedingungen anzupassen. So sinnvoll das ist, erscheint es mir zu wenig. „Klettern im Team und mit Seil“ passt da besser. Die wichtigste, tägliche Frage in ungewissen Situationen lautet: **„Was ist, wenn wir falsch liegen?“.** Zugegeben, als Politiker wird man mit dieser Frage auf einer Pressekonferenz nicht unbedingt Applaus ernten. Aber ohne sie wird man in die Irre laufen.

Viele Maßnahmen müssen kritisch, nicht nur bezüglich ihrer (Un-)Wirksamkeit, sondern auch bezüglich ihrer Schadenspotenziale beurteilt werden.

Das von Experten oft belächelte – weil unspezifische und wenig sensitive – Fiebermessen zum Beispiel, hatte wenigstens den Vorteil, keinen unnötigen Schaden anzurichten. Auch das Tragen von medizinischen Gesichtsmasken, das anfangs oft als wirkungslos dargestellt wurde, hätte außer den (im Vergleich zum potenziellen Nutzen sehr geringen) Kosten keine Schäden verursacht. Wäre aber, im Nachhinein erwiesen, in Innenräumen sehr nützlich gewesen.

Ab dem Moment, als Impfungen für alle Bürger problemlos verfügbar waren, das war ab Juli 2021 der Fall, und somit jeder der wollte, sich vor schweren Verläufen schützen konnte, waren Lockdowns kaum nützlich und überwiegend nur noch schädlich.
Die Liste der „Kollateralschäden" lässt sich fortsetzen: Schulschließungen, Isolation von - auch sterbenden - alten Menschen in Pflegeheimen etc....

Adriano Mannino nennt es „Hedging". Sich absichern und nicht nur den potenziellen Nutzen sondern auch den potenziellen Schaden von Maßnahmen bedenken. Und kurzfristig und immer wieder prüfen, ob die getroffenen Entscheidungen uns dem Ziel tatsächlich näher bringen. Mit einer solchen Haltung, darf man sich trauen, Verantwortung zu übernehmen.

Allzu oft werden Akteure einer Krise im Nachhinein daran gemessen, ob sie sich jederzeit regelkonform verhalten haben. Auch wenn Krisenmanagement natürlich nicht im rechtsfreien Raum stattfindet, muss diese Frage relativiert werden.
„Staatsanwalt ermittelt wegen Soforthilfen gegen Investitionsbank", titelt unter anderen DIE ZEIT. Im Rampenlicht steht Jürgen Allerkamp, Vorstand der IBB. Die Richter urteilen vernünftig.

Angesichts der "coronabedingten Ausnahmesituation" sei die bewusste Entscheidung nicht zu beanstanden, schnell und unbürokratisch Hilfen zu ermöglichen und damit, unter dem Vorbehalt einer nachträglichen Prüfung und Rückforderung, auf eine vertiefte Prüfung der Anträge vor der Auszahlung der Soforthilfen zu verzichten. So seien im Zeitraum vom 27. März bis zum 31. Mai 2020 insgesamt 245.677 Anträge gestellt worden.

Das ist mehr als 5000mal so viel wie zuvor in einem solchen Zeitraum. Immer wieder reden Politiker von „unbürokratischer" Hilfe. Wer aber in diesem Sinne handelt, geht ins persönliche Risiko. Das sollte öffentlich honoriert werden. Krisen sind kein Stoff für Skandalisierung. Wir wollen, dass Menschen Verantwortung übernehmen – auch und gerade in Krisen, deren Ausgang ja grundsätzlich immer offen ist. Es muss respektiert werden, dass man in Ungewissheit handelt, ohne sich unbedingt an Regeln und Routinen (fest-)halten zu können. In der Medizin nennen wir ein Verhalten, bei dem der Arzt sich vorrangig so entscheidet, dass er juristisch nicht angreifbar ist, „Defensivmedizin". Im Sinne des Patienten ist das nicht unbedingt.

Darin unterscheidet sich die Krise vom Alltag. Es gibt kein „gerichtsfestes" Vorgehen, keinen „korrekten" Ablauf, keinen Algorithmus. Stattdessen viele Optionen, nur Wahrscheinlichkeiten des Erfolgs. Agieren in diesen Situationen setzt Handlungsmacht voraus. Und die persönliche Bereitschaft, auch unter Risiko Verantwortung zu übernehmen. Wir brauchen Gremien und Rahmenbedingungen, die das unterstützen.

11.4. Optimale Kooperation

Welche Auswirkung das Teamverhalten hat, ist lange schon bekannt. Nur ein Beispiel aus der Medizin: Im OP „… zeigt sich, dass das Risiko einer Komplikation inklusive Tod für Patienten etwa fünfmal höher ist, wenn sie von einem Team operiert werden, das … selten oder nie gutes Teamverhalten aufweist." (Karen Mazzocco; American Journal of Surgery; 2008).

Um alle Fähigkeiten der Teammitglieder zum Tragen zu bringen, braucht es eine konstruktive Prozesssteuerung, kollektive Erfahrungen des Bewältigens (oder auch Scheiterns), umgewandelt in lebendige Erzählungen. Und es braucht gemeinsame Zeit auch außerhalb eines Krisenstabes (nach Stefan Strohschneider). Eine gute Chance, um als Teamleiter authentisch und auch als Mensch greifbar zu sein. Gehen Sie mit Ihren Leuten (vor einer Krise natürlich) auf kleine Reisen, feiern Sie gemeinsam, nehmen Sie sie zu Ihrem Hobby mit - als Privatpilot konnte ich immer begehrte Rundflüge anbieten. Überlegen Sie sich Aktionen, die persönlich verbinden.

11.5. Zuversicht bewahren – eine Aufgabe für das Team

Wir kennen alle das Bild des halbvollen/halbleeren Weinglases. Es gibt noch mehr Facetten als optimistisch und pessimistisch. Der Weinkenner wird denken: wer um Gottes Willen macht ein Weinglas so voll? Der Wein muss doch atmen können. Der Sanierer: Das Glas ist größer als eigentlich nötig, ein halb so großes hätte es auch getan. Der Schiffskellner: Hoffentlich schwappt nichts raus…

Es liegt an uns, wie wir eine Situation erleben und damit umgehen. „Ich sehe die Welt so, dass ich selbst in einem guten Zustand bin." (Reinhard Sprenger; 2015).

12. Führung in hochkritischen ad hoc-Situationen. Wer geht noch voran?

Rudi Heimann
rudi.heimann@t-online.de
Polizeivizepräsident, Polizeipräsidium Südhessen

Chris Hörnberger
chris.hoernberger@t-online.de
Pressereferent, Hessisches Ministerium des Innern und für Sport

12.1. Ausgangssituation

In dem Workshop wurden die Teilnehmer mit einer möglicherweise jederzeit auftretenden Bedrohungssituation im öffentlichen Raum (Straße, Weg, Platz) konfrontiert und sie befinden sich in der Rolle des zunächst unbeteiligten Augen- und Ohrenzeugen. Die Bedrohungssituation selbst ist eine eindeutig aggressive Provokation einem Dritten gegenüber. Als Provokateur tritt eine unbewaffnete einzelne Person auf, die jedoch jeden direkten körperlichen Angriff vermeidet – was die Situationsbewertung erschwert. Diese Ausgangssituation wurde zunächst in einem interaktiven Szenario veranschaulicht, damit sich die Teilnehmer das fiktive Geschehen besser vor Augen führen können. Ziel des Workshops war, die Schwierigkeiten herauszuarbeiten, die Beteiligte haben, angemessen Hilfe zu leisten und grundsätzliche Verhaltensregeln zu identifizieren, die in einer solchen Situation zielführend sein können.

12.2. Problemstellung

Die Herausforderung in Konflikten ist, dass die von uns gesammelten sozialen Erfahrungswerte bislang unser Zusammenleben mit anderen Menschen geregelt und erleichtert haben. Sie machen Menschen und Situationen berechenbarer, beruhen auf Geben und Nehmen und sind ein zentrales Prinzip unserer Gesellschaft. Auch in Konflikten können damit Vertrauen und Beziehung gestärkt werden. Das funktioniert allerdings ausschließlich dann, wenn beide Seiten den Standpunkt des anderen einnehmen wollen oder können.

Abb. 12.1: Ernstes Thema angemessen vermittelt

Diese Regeln und Erfahrungswerte, die in Konfliktsituationen zur Anwendung kommen, in denen sich beide Konfliktpartner gegenseitig akzeptieren, sind insbesondere:

- Körperhaltung ist offen und unvoreingenommen
- Unsicherheiten werden mit einem Lächeln überspielt
- Lachen wird sprachbegleitend eingesetzt
- Blick zum Gegenüber, um Interesse zu zeigen
- Kooperatives und entgegenkommendes Verhalten
- Höfliche, freundliche Sprache (Grüßen, Bedanken, Bitten)
- Beantwortung von Fragen
- Erklärung von Verhaltensweisen
- Entschuldigen von Fehlverhaltensweisen
- Nutzung von Ausreden, um persönliche Verletzungen zu vermeiden
- Einsatz von Drohungen in der klassischen „Wenn – dann"-Kombination

Mit der Drohung werden im Grunde negative Verhaltensweisen erfolgreich in Konflikten eingesetzt. Sie kann von der betroffenen Person je nach Situation durchaus als nötigend, ja fast erpresserisch wahrgenommen werden. Sie ist jedoch ein unverändert fester Bestandteil in Erziehungs- und Bildungseinrichtungen, in der Arbeitswelt und der Gesellschaft. Im Prinzip gibt es einen Konfliktpartner, die eine mächtigere Ausgangsposition hat und diese bewusst einsetzt, um den anderen zu einem bestimmten Verhalten zu bewegen:

- Erziehung von Kindern: Wenn ein Kind sich nicht an Regeln hält, kann es bestimmte Privilegien entzogen werden.
- Arbeitsplatz: Wenn ein Mitarbeiter Regeln bricht, kann er/sie abgemahnt oder entlassen werden.
- Partnerschaft: Wenn ein Partner sich nicht an Absprachen hält, kann es zu Konsequenzen wie z. B. Trennung kommen.
- Behörde: Wenn ein Bürger nicht alle Formulare für einen Antrag vorlegt, wird der Antrag nicht bearbeitet.
- Schule: Wenn ein Schüler die Hausaufgaben nicht macht, erhält er eine schlechte Zensur.
- Geschäftswelt: Wenn ein Unternehmen Gesetze bricht, kann es zu Strafen wie z. B. hohen Geldbußen kommen.
- Verkehr: Wenn jemand gegen Verkehrsregeln verstößt, kann es zu Strafen wie Bußgeldern oder Punkten in Flensburg kommen.
- Sport: Wenn ein Athlet Regeln bricht, kann er/sie disqualifiziert oder gesperrt werden.
- Wohnen: Wenn ein Mieter Regeln bricht, kann es zur Kündigung des Mietverhältnisses kommen.
- Freizeit: Wenn jemand Regeln in einem Verein bricht, kann es zum Ausschluss aus diesem kommen.
- Reisen: Wenn ein Passagier gegen die Regeln einer Fluggesellschaft verstößt, kann es zur Ablehnung des Fluges kommen.

Das in Konflikten und in herkömmlichen Konversationen ohnehin eingesetzte Lachen oder Lächeln dient schon seit Urzeiten der Kommunikation und soll Zugehörigkeit sowie positive Bindung anzeigen. Auch heute noch steht Lachen und Lächeln am Ende von Sätzen, zeigt Wohlbefinden und soll Kooperationsbereitschaft erzeugen. Damit gilt, dass ein zugänglicher Konfliktpartner mit Lachen oder Lächeln erreicht werden kann. Ist er jedoch nicht mehr zugänglich, verkehrt sich der Einsatz des Lachens in das Gegenteil. Bestenfalls geht die andere Person nicht darauf ein und zeigt keine Kooperation, schlechtestensfalls wertet sie es als Schwäche, Unterwerfung oder sogar Provokation. Fatal ist in jedem Fall die Wirkung auf die Umwelt: Unbeteiligte, die vielleicht noch überlegen, ob sie in der Situation helfen sollten, werden das Signal tendenziell fehldeuten und als Entspannung bewerten.

Merke

Vermeiden Sie in sicherheitskritischen Situationen das Lachen oder Lächeln.
Bleiben Sie unter allen Umständen ernst.

12.3. Folgerung

Mit dem Wissen, dass die sozialen Programme des Alltags nicht unbedingt hilfreich sind, wenn wir uns in einer sicherheitskritischen Situation befinden ist es erforderlich, zu einem modifizierten Verhalten zu kommen. Voraussetzung an dieser Stelle ist: Alle versuchten einvernehmlichen Lösungswege sind ergebnislos gescheitert.

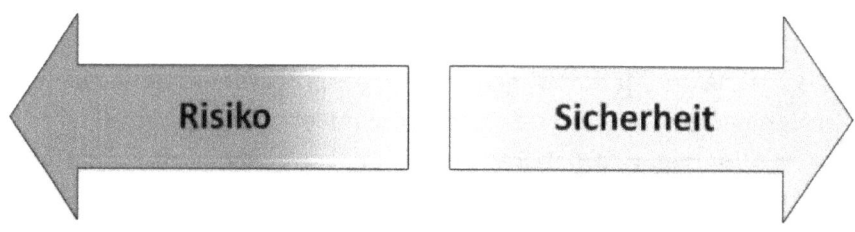

Abb. 12.2: Risikoabwägung

Ab jetzt kommt es nur noch darauf an, eigennützig zu handeln, um den eigenen Vorteil zu bewahren oder zu erreichen und damit Ihre Gesundheit zu schützen. Es kommt ab diesem Zeitpunkt darauf an, Verständnis für die zu Grunde liegenden menschlichen Prozesse entwickeln, das eigene Erfahrungs- und Handlungsrepertoire zu erweitern, Vorgehensweisen zu wählen, die so strukturiert sind, dass die dafür erforderliche Gedächtnisleistung minimiert wird und auf standardisierte Lösungen als Rückfallebene zugreifen zu können. Dabei muss es sich um Lösungen handeln, die orts-, zeit-, situations- und personenunabhängig sind und die das Risiko minimieren. Gerade mit Blick auf die letzte Frage, sind es gerade nicht die gegenteiligen Verhaltensweisen der sozialen Programme, die in einer sicherheitskritischen Situation gezeigt werden sollten (unhöflich, unfreundlich), weil dies gefahrenerhöhend wäre. Es muss jede Aktivität danach bewertet werden, ob sie bei der anderen Person Impulse setzt, die zu einer Eskalation führen. Sollte sich eine Situation an einem Punkt befinden, an dem schnell offensichtlich wird, dass die zur Verfügung stehenden Kommunikationsstrategien erfolglos sind, ist es hilfreich, jedes denkbare Handeln an der Risikominimierung abzugleichen. Auch wenn während herkömmlicher Konflikte innerhalb der sozialen Programme die „Ich-Botschaften" in Verbindung mit Äußerungen zur eigenen Gefühlsebene und positiven Formulierungen für Verständnis beim Konfliktpartner sorgen oder ein sanftes Berühren des Konfliktpartners im Rahmen der nonverbalen Kommunikation als positiv wahrgenommen wird, muss das nicht für eine sicherheitskritische Situation (▶ Nach Feierabend) gelten.

Nach Feierabend

Ein Mitarbeiter steht nach Feierabend vor der Stadtverwaltung und wartet auf seine Freundin, die ihn abholen möchte. Zwei offensichtlich alkoholisierte Jugendliche mit Bierdosen, kommen hinzu, rauchen zunächst eine Zigarette, tuscheln miteinander und sprechen ihn dann an:

„Hey Du Vollpfosten, hat der Laden schon zu?"

Antwort: „Nein, der ist noch zehn Minuten offen."

„Bist Du ganz alleine hier?"

Antwort: „Ich wüsste nicht, was Euch das angeht."

„Du Arschgesicht, wie redest Du denn mit uns? Willst Du eine auf die Fresse haben?"

Antwort: „Nein, will ich nicht und jetzt lasst mich in Ruhe."

„Ach ja, jetzt will es in Ruhe gelassen werden, das kleine Opfer."

Antwort: „Was wollt Ihr von mir? Ich bin kein Opfer."

„Das werden wir ja gleich sehen. Jetzt zeigt uns das Opfer erst mal, was es in den Taschen hat."

Antwort: „Ihr sollt mich in Ruhe lassen. Was habe ich Euch denn getan?"

„Du hast uns gar nichts getan. Aber wir tun Dir gleich was. Los, Taschen leer machen."

Antwort: „Wenn ihr mich jetzt nicht in Ruhe lasst, rufe ich die Polizei."

Würde in irgendeiner Phase des Konfliktverlaufs die als Opfer betrachtete Person einen der beiden Täter sanft berühren, um positiv wahrgenommen zu werden; oder würde er höflich und zuvorkommend von seinen Gefühlen sprechen, um mit einer positiven Formulierung Verständnis zu erzielen („Ich fühle mich von euch bedroht, bitte haltet euch zurück und ich wünsche mir, das ich unbehelligt hier stehen kann.") – was wäre die wahrscheinliche

Reaktion der beiden Jugendlichen und in welche Richtung hätte sich die Person mit dieser Aussage entwickelt? Solche Ansätze der empathischen Gesprächsführung für weit fortgeschrittene Konflikte zu nutzen, erhöht die Gefährdung und geht unverständlicherweise davon aus, dass sich der Konfliktgegner mit diesen Kommunikationsmustern manipulieren lassen würde. Oder anders: Es würde auch nicht versucht werden, in solchen Augenblicken Hypnosetechniken einzusetzen.

12.4. Sicherheitsrelevantes Verhalten

In dem Workshop wurde sich auf das Verhalten als nicht direkt Betroffener konzentriert und die – wenn vorhanden – Aktivierung Dritter.
Nicht zufällig decken sich die empfohlenen Aufgabenstellungen (Abb. 3) mit den Aufgaben, die in sonstigen Hilfeleistungssituationen wie bei Unfällen anfallen und erledigt werden müssen, um einem Opfer Hilfe zu leisten. Die vier Aufgaben sind:

1. Klassifizieren und ständiges Beobachten der Lage
2. Sicherung der Gruppe durch ablenken des Aggressors
3. Hilfeleistung für die bedrohte Person durch evakuieren
4. Anfordern der Polizei, wenn notwendig

Dabei gilt der Grundsatz, dass es keinen Wechsel zwischen den Aufgaben geben sollte, damit keine Irritation erzeugt wird. Naturgemäß ist nicht jede Gruppe von helfenden Menschen gleich leistungsfähig. Sie unterscheiden sich in Größe, Gewicht, Geschlecht, verbalem Ausdrucksvermögen und in ihren sonstigen Kenntnissen und Fertigkeiten – die gänzlich unbekannt sein dürften, wenn man sich nicht gerade kennt. Mit dieser Aufgabenverteilung entsteht aus einer unkoordinierten und ziellosen Anordnung von Personen eine Gruppe von Menschen, die einem in Not befindlichen Menschen gezielt und überlegt Unterstützung zukommen lassen können. Eine solche Zuweisung von Aufgaben dauert in einem spontanen Team zwischen 30 und 50 Sekunden.

Merke

Die gezielte Verteilung von Aufgaben, orientiert an einem gemeinsamen Ziel, ist die wichtigste Voraussetzung für eine erfolgreiche kollegiale Unterstützung.

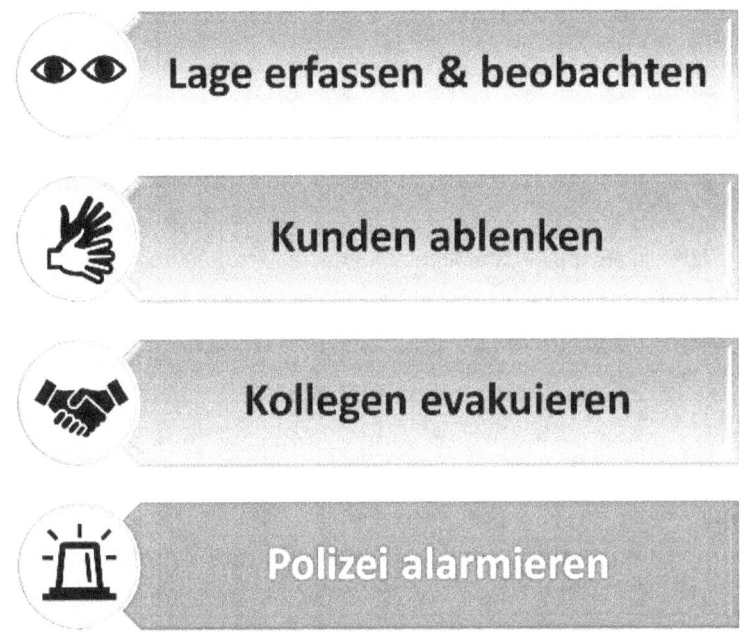

Abb. 12.3: Risikoabwägung

Werden Menschen Zeugen eines Konfliktes löst dies unangenehme Gefühle aus und gleichzeitig werden bestimmte Prozesse in Gang gesetzt, die darin münden können, dass prosoziales Verhalten gezeigt wird – es wird dem Betroffenen geholfen. Eine Pflicht zur aktiven körperlichen Hilfeleistung besteht grundsätzlich nicht. Gleichwohl ist das Holen von Hilfe zumutbar; eine Verletzung dieser Pflicht kann strafrechtliche Folgen haben. Beobachter greifen oft nicht ein, weil andere dies auch nicht tun. Sie wissen meist nicht, wie sie Hilfe leisten können und fördern – je nach Motiv der aggressiven Person – durch Neugierverhalten die Situation (▶ Helfer ohne Helferwissen).

Helfer ohne Helferwissen

Zwei Personen geraten auf einem Parkplatzgelände in Streit um einen Parkplatz. Beide stehen außerhalb ihrer Fahrzeuge und schreien sich bereits an. Das Größen- und Kräfteverhältnis ist stark unterschiedlich und die hochaggressive größere Person droht der kleineren Person Schläge an und schreit gerade weiter laut auf sie ein. Eine Gruppe von fünf potentiellen Helfern sammelt sich, fasst Mut und geht ohne jegliche Absprache geschlossen auf die beiden Streitenden zu. Nachdem zwei Helfende gleichzeitig auf die aggressive Person einreden, sie möge sich doch beruhigen, es gäbe doch noch genug andere Parkplätze, filmt eine weitere Person aus der

Helfergruppe die Szene mit ihrem Smartphone. Eine vierte Helferperson ruft laut, dass sie gleich die Polizei anrufen würde und hält dabei ihr Mobiltelefon offensiv in Richtung der aggressiven Person.

Nach einem etwa zweiminütigen Wortgefecht mit den beiden neuen Konfliktgegnern verstummt die aggressive Person plötzlich, sieht sich einmal auf dem Parkplatz um, geht zu ihrem Auto zurück, setzt sich auf den Fahrersitz und zieht aus dem Beifahrerfußraum einen Baseballschläger hervor. Sie sprintet dann auf die Gruppe zu und schlägt wild auf die Personen ein. Jeder wird getroffen und mehr oder weniger stark verletzt, bevor sie in alle Richtungen davonlaufen können. Der Täter schlägt noch zweimal auf das Auto seines ursprünglichen Parkplatzrivalen ein, setzt sich dann in sein eigenes Auto und fährt davon.

Werden durch eine Wahrnehmung (Alarm, Hilferufe, laute Auseinandersetzungen) Hilfeleistungen offensichtlich erforderlich, ist ein unbedachtes Hineinstürmen in die Situation unbedingt zu vermeiden und durch verantwortungsbewusste Personen gegenüber anderen aktiv zu verhindern. Es ist häufig nicht verlässlich bekannt, welche Art von sicherheitskritischem Konflikt in der Situation vorherrscht. Mit hoher Wahrscheinlichkeit ist der Konflikt jedoch so kritisch, dass sich die betroffene Person alleine nicht aus der Situation bewegen konnte.

Merke

Das Ziel eines Helfer-Teams ist es, die betroffene Person aus der Situation heraus zu evakuieren.

Ziel ist daher alleine, die Evakuierung der betroffenen Person aus der Situation und ggf. eine Klärung in angemessener Distanz herbeizuführen. Es ist nicht beabsichtigt, durch die Präsenz vieler Menschen eine psychische Drucksituation auf den Konfliktgegner zu erzeugen, um ihn zu „besiegen". Eine solche Idee geht wieder zwingend davon aus, dass sich ein Konfliktgegner von der Personenübermacht beeindruckt zeigt und sich fügt. Hierfür gibt es keine Hinweise und damit wäre eine solche Vorgehensweise ebenfalls gefahrenerhöhend. Gruppen haben im Zusammenhang mit Konfliktgegnern grundsätzliche Vorteile: Die Masse der Menschen führt aus der Sicht des Täters zur Konfrontation mit einer Vielzahl potentieller Gegner, die er zudem auch hinsichtlich der Leistungsfähigkeit nicht einzuschätzen vermag. Jeder einzelne in der Gruppe fühlt sich stärker und geschützter, als in jenem Fall, in dem er alleine auftreten würde. Auch in der Gruppe gilt: Je besser das Vorwissen über mögliche Handlungen, desto besser fällt die Leistung der Gruppe aus.

Nach der Wahrnehmung der Situation und der Grundsatzentscheidung zur Hilfeleistung wird durch eine Person die Koordination übernommen. Dadurch wird vermieden, dass die Beteiligten unterschiedliche Ziele verfolgen, zu unterschiedlichen Zeitpunkten agieren oder sich unvermittelt zurückziehen. Die Stärke des Teams entsteht durch ein arbeitsteiliges Vorgehen, das auf ein gemeinsames Ziel – die Evakuierung der betroffenen Person – ausgerichtet ist. Jene Person, die die Koordination übernimmt, hat zunächst die Aufgabe, weitere Teammitglieder festzulegen, wenn diese bereits vor Ort sind oder diese zu bestimmen, wenn diese z. B. aus vorbeigehenden Passanten rekrutiert werden müssen oder als Gäste eines naheliegenden Straßencafés um Hilfe gebeten werden, weil in der Seitengasse eine Person bedrängt wird.

Sollten Gruppenmitglieder versuchen, vorausschauend die Entwicklung zu antizipieren, sollte dies auf angemessene Art und Weise aus zeitlichen und inhaltlichen Gründen unterbunden werden. Dabei muss darauf geachtet werden, dass eine solche Untersagung – gerade in spontan gebildeten Helferteams – nicht zu energisch erfolgt, da sich dadurch Helfer kritisiert fühlen könnten und sich innerlich oder tatsächlich aus dem Prozess zurückziehen. Ein solcher Prozess des Durchdenkens künftiger Entwicklungen würde wertvolle Zeit kosten und führt zu keiner erhöhten Handlungssicherheit der beteiligten Personen. Der Verlauf der Situation kann nicht sicher prognostiziert werden und es entstehen in den Köpfen der Helfer Handlungssequenzen, die mit dem Ziel der Hilfeleistung nichts zu tun haben. Hilfreich ist, wiederholt auf das Ziel der schnellstmöglichen Evakuierung hinzuweisen und die Aufgabe von der jeweils ausführenden Person wiederholen zu lassen, um sicherzugehen, dass sie verstanden wurde.

Nach der Verteilung der Aufgaben bewegt sich das Team in einer solchen Geschwindigkeit in die Situation, die es zulässt, dass die koordinierende Person die Gruppe noch stoppen kann – also keinesfalls überhastet. Wenn die zu evakuierende Person erreicht ist, verlässt die gesamte Gruppe sofort und zügig auf direktem Weg die Situation. Es werden beim Verlassen weder Gegenstände aufgesammelt, noch weitere Diskussionen mit dem Konfliktgegner geführt.

Es ist wichtig, die tatsächlich vorliegende Situation zu klassifizieren und im weiteren Verlauf ständig weiter zu analysieren, ob sich eine Veränderung ergibt. Die zuerst tätig werdende Person hat bereits mit dem Erkennen einer Hilfesituation diese Aufgabe übernommen und behält sie damit auch bei. Sie hat eine vorwiegend beobachtende Aufgabe, koordiniert die Gruppe und richtet sie auf das Ziel aus, greift bei unvorhersehbaren Entwicklungen ein, hält sich sprachlich zurück und hat – je risikoreicher die Situation ist – mit die verantwortungsvollste Position. Ihre Aufgabe ist es auch, vermeintliche Planungsabsprachen in der Gruppe zu unterbinden, die versuchen vorauszudenken, was in der Situation passieren könnte, wenn dieser oder jene Fall eintritt. Zeichnet sich in der Helfersituation eine Entwicklung ab, die hohe Gefährdungen für die Beteiligten hervorruft, läge es an dieser Position, die Hilfeleistung zu unterbrechen und auf professionelle Unterstützung (Polizei) zurückzugreifen.

Die im Konflikt befindliche Person, der das Team helfen möchte, hatte offensichtlich keine eigene erfolgreiche Taktik, um sich eigenständig aus der Situation zu befreien. Dies kann an fehlendem Wissen liegen oder die Person ist von der Situation so stark beeindruckt, dass sie nahezu paralysiert ist und auch ohne aktive fremde Hilfe keinen Weg mehr aus der Situation findet. Schlimmstenfalls liegen bereits Verletzungen vor, die zu dieser Paralyse führen oder anderweitig auf die Bewegungsfähigkeit wirken. Es ist möglich, dass eine für das Helferteam unbekannte Drohung des Konfliktgegners gegenüber der betroffenen Person im Raum steht. **Um ihr eine helfende Hand zu reichen, wird die Position eines direkten Helfers vergeben.** Das einzige Ziel dieses Helfers ist die sofortige Kontaktaufnahme mit dem Opfer und es unverzüglich aus der Situation in einen weitgehend gesicherten Bereich zu bringen. Hierzu kann es erforderlich sein, das Opfer nicht nur anzusprechen und aufzufordern, sondern auch durch körperlichen Kontakt zu beruhigen und zu unterstützen (Griff an Arm, Hand, Schulter oder Oberkörper).

Der wesentlichste Unterschied zwischen einer Helfersituation in einem Konflikt und einer Helfersituation während eines Unfalls ist, dass bei einem Unfall grundsätzlich alle Beteiligten das gemeinsame Ziel der Beseitigung einer Gefahrensituation haben. In einer Konfliktsituation trifft dies nicht zu. Mindestens der Konfliktgegner könnte gegen alle Bestrebungen arbeiten wollen, das Opfer aus der Situation herauszuholen und dabei das Opfer oder die Helfer gefährden. **Daher wird im Rahmen der Aufgabenverteilung eine Person mit der Sicherung der Situation beauftragt.** Diese Sicherung ist die einzige Person in dem Helferverbund, die sich direkt an den Aggressor wendet. Ihr einziges Ziel ist dabei, die Aufmerksamkeit des Konfliktgegners auf sich zu ziehen und damit weg vom Opfer oder den anderen Helfern.

Hierzu ist keine sinnhafte Gesprächsführung erforderlich und es wird keine Konfliktlösung aus dem Bereich der sozialen Programme angestrebt. Die Methoden aus diesem Bereich können genauso genutzt werden, wie die kommunikativen Methoden aus den Sicherheitsprogrammen – sie verfolgen jedoch alle ausschließlich das Ziel der Sicherung des gerade agierenden Helferteams.

Die Situation kann sich relativ schnell entspannen oder trotz maximaler Deeskalationsstrategien eskalieren, weil der Konfliktgegner nicht vollständig berechenbar ist. Es ist auch möglich, dass die Situation bereits vor Beginn einer Team-Hilfeleistung von selbst so eskaliert ist, dass das Opfer schnellstmöglich medizinische oder polizeiliche Unterstützung benötigt. **Daher ist eine Person zu definieren, deren Aufgabe es ist, eine solche Unterstützungsanforderung selbstständig oder nach Aufforderung durch andere Teammitglieder abzusetzen;** dies kann – je nach Situation – auch bereits vor Beginn der Intervention stattfinden. Die Verständigung von medizinischer oder polizeilicher Hilfe geschieht in Zeiten einer ständigen Verfügbarkeit von Mobiltelefonen vermutlich auf diesem Weg. Dennoch ist durch die Koordination bei einer Aufgabenzuweisung das Vorhandensein eines Gerätes kurz zu prüfen. Die räumliche Position einer Notruf auslösenden Person sollte so weit wie möglich weg von der eigentlichen Konfliktsituation sein. Das kann auf einem unbelebtem Parkplatz etwa 10 Meter bedeuten, jedoch nie nah bei den direkten Helfern. Ziele dabei sind:

- weitgehend ungestört durch Geräusche oder laute Sprache mit der professionellen Hilfe kommunizieren zu können,
- selbst die größtmögliche Distanz zu wahren,
- weitere Personen von unstrukturiertem Vorgehen abzuhalten und
- gleichzeig so nahe an der Konfliktsituation zu sein, um die wesentlichen Entwicklungen verfolgen zu können.

In der Gesamtbetrachtung ergibt sich somit ein arbeitsteiliges Vorgehen mit festen Aufgabenzuweisungen, das unabhängig vom Geschehensort, der Uhrzeit, des Kontexts oder der konkreten Situation angewendet werden kann.

12.5. Literatur

Endres, J. & Putz-Osterloh, W. (1994). Komplexes Problemlösen in Kleingruppen: Effekte des Vorwissens, der Gruppenstruktur und der Gruppeninteraktion. Zeitschrift für Sozialpsychologie, 25(1), 54-70.

Heimann, R. & Fritzsche, J. (2020). Gewaltprävention in Erziehung, Schule und Verein. Wiesbaden: Springer.

Heimann, R. & Fritzsche, J. (2021). Gewalt- und Krisenprävention in Beruf und Alltag. Wiesbaden: Springer.

Heimann, R. & Fritzsche, J. (2023). Gewaltprävention und Eigensicherung im Öffentlichen Dienst. Gefahrenpotenziale erkennen, einschätzen und entschärfen. Stuttgart: Boorberg.

Hörnberger, C. (2020). Selbstbehauptung. Grenzen erkennen und einfordern. In R. Heimann & J. Fritzsche (Hrsg.). Gewaltprävention in Erziehung, Schule und Verein. Wiesbaden: Springer.

13. Strategien statt Sprechblasen

Matthias Gahlen, Leitender Branddirektor a. D., Dipl.-Ing.
ingenieurbuero.gahlen@gmail.com
Ingenieurbüro Gahlen

Unter dieser Überschrift stand die AG. Schwerpunkt war die folgende Fragestellung: Wie werden Entscheiderinnen und Entscheider, die in kritischen Situationen verantwortlich sind, im Bereich der „human Faktors" qualifiziert. In den unterschiedlichsten Bereichen unserer Gesellschaft müssen Entscheiderinnen und Entscheider in kritischen Situationen verantwortlich Vorgaben geben, damit Lösungen gefunden werden können. Beispielhaft seien hier Medizin. Polizei, Katastrophenschutz und Luftfahrt genannt. Im Rahmen der AG soll herausgearbeitet werden, welche Form der Führungskräfteausbildung es gibt.

Als Einleitung und Impulsvortrag wurden die Ausbildung im Katastrophenschutz bei den Feuerwehren und den Krisenstäben des Landes NRW betrachtet.

Ausbildung Feuerwehren (Katastrophenschutz) NRW

- B III Modul – Menschenführung

- Kenntnisse im Bereich Führungs- und Kommunikationspsychologie sowie der Stressprävention und -nachsorge

- Modul -Einheitsführer (Führungsstufe A)

- Kenntnisse und Fertigkeiten für die Funktionen als Einheitsführer von taktischen Einheiten (Führungsstufe A), als Einsatzleiter bei selbstständigem Einsatz einer taktischen Einheit und als Leiter einer Brandsicherheitswache.

Abb. 13.1: Ausbildung Feuerwehren NRW

- Kommunikation
- Führung
  - Motivation
  - Führen über Ziele
  - Psychologie der Persönlichkeit
  - Beurteilung
  - Führungsstile
  - situativer Führungsstil
  - Führen von Teams
  - Selbstverständnis und Rolle der Führungskraft

Abb. 13.2: Ausbildung Feuerwehren Modul Menschenführung I

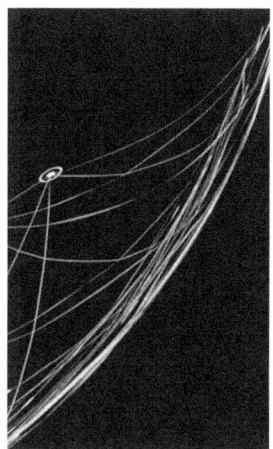

B IV Modul Menschenführung II

- Konfliktbewältigung
- Besprechungs- u. Moderationstechniken
- Arbeitsschutz

Abb. 13.3: Ausbildung Feuerwehren Modul Menschenführung II

B V Inhalte und Befähigungen

. Verbandsführerin bzw. Verbandsführer,

. Führen mit einem Führungsstab,

. Einsatzabschnittsleitung Medizinische Rettung und

. ABC-Messstrategie.

Abb. 13.4: Ausbildung Feuerwehren Inhalte und Befähigungen

Krisenstäbe (Verwaltungsstäbe) NRW

Grundlagenseminar

- Übung mit Feuerwehreinsatzleitung
- Vorbereitungsteil und 2 Tage Übung

Lehrgangsteilnehmer haben keine Vorkenntnisse

Für Organisationseinheit 3 Tage Grundstruktur (Fachausbildung)

- Vorbereitung einer KS Übung vor Ort mit Aufbau einer Steuerungsgruppe

Für Entscheider 1 Tag Grundstruktur 1 Tag für alle gemeinsame Übung

Abb. 13.5: Ausbildung Krisenstäbe NRW

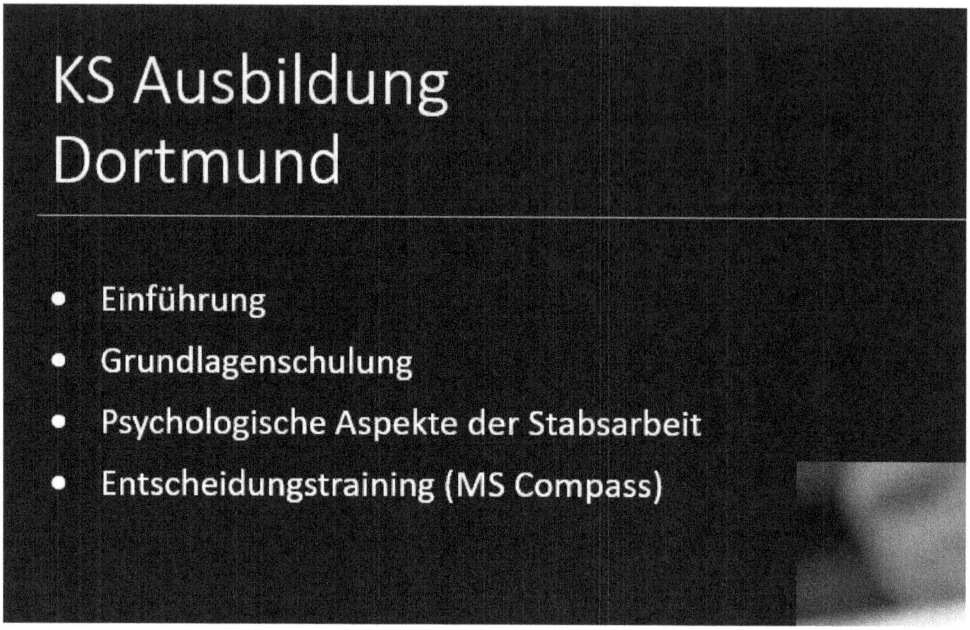

Abb. 13.6: Ausbildung Krisenstab Dortmund

Im weiteren Verlauf der AG wurde von den Teilnehmern herausgearbeitet und dargestellt, wie in den unterschiedlichen Berufsgruppen im Bereich HF ausgebildet wird. Hierzu wurden die folgenden Schwerpunkte gebildet:

- Personalführung
- Führungsausbildung
- Ausbildung zu Stabsarbeit
- Team Ressource Management
- Mensch im Arbeitssystem (Human Faktors)
- Fehlermanagement
- Sonstiges

Dann berichteten die Mitglieder der AG aus den Erfahrungen in ihrem beruflichen Umfeld. Zusammenfassend kann gesagt werden, dass Ausbildung im Bereich HF im Bereich der Medizin eher wenig bis gar nicht erfolgt. Die Führungsausbildung im Bereich der Polizei setzt hier Schwerpunkte. In den anderen Berufsgruppen wurden hier sehr unterschiedliche Erfahrungen gesammelt. Aus Sicht aller Beteiligten sind gemeinsame Schulungen zu diesem Themenbereich sicher wünschenswert. Die Vertreter der Polizei in der AG merkten hierzu kritisch an, dass wegen der engen Lehrpläne kaum Zeit vorhanden ist.

14. Krisen, agiles Projektmanagement und Projektuhrwerk

Dr. Eberhard Huber
Eberhard.huber@pentaeder.de
pentaeder

14.1. Zusammenfassung

Projekte sind durch ähnliche Faktoren wie Krisen gekennzeichnet. Dazu gehören Unsicherheit, temporäre Organisationsform, Komplexität, Entscheidungsdruck sowie Unvorhersehbarkeit. Im Gegensatz zu klassischem beinhaltet agiles Projektmanagement wirksamere Methoden, um Krisen ähnliche Situationen besser zu bewältigen. Agiles Projektmanagement darf hierbei nicht mit bekannten Ansätzen wie Scrum gleichgesetzt werden. Die Kernelemente der agilen Projektarbeit wie priorisierte sequentielle Aufgabenliste, verschachtelte Iterationen sowie Informations- und Feedback-Schleifen, sowie Adaption der Vorgehensweise an sich verändernde Situationen sind unabhängig von Methodik und Organisationsform einsetzbar. Diese Kernelemente lassen sich zu einem 5-Punkte-Programm bzw. zu einem Ablauf-Modell - dem Projektuhrwerk - kombinieren.

14.2. Frühgeschichte des Projektmanagement

Die Planung von großen Vorhaben lässt sich bis ins Jahr 6000 vor Christus zurückverfolgen. Diagramme die Aktivitäten und Zeiten verknüpfen wurden bereits im 18 Jahrhundert entwickelt. Das Diagramm, das wir heute kennen wurde Ende des 19 Jahrhunderts von Frederick Winslow Taylor und Laurence Gantt als Werkzeug für die Produktionssteuerung entwickelt. Die Übertragung zum Management von Bauprojekten folgte 1915 durch Hermann Schürch. Die Ansätze von Taylor, Gantt und Schürch zeichnen sich zudem durch einen ausgeprägten top-down-Ansatz der Leitung aus.

In den in den 60er bis 80er Jahren des 20 Jahrhunderts stellte sich unter anderem im Kontext der Softwareentwicklung heraus, dass der Ansatz Projekte mit Werkzeugen der Produktionssteuerung zu managen wenig erfolgreich ist. 2001 wurde das agile Manifest veröffentlicht, das einen Paradigmenwechsel einläutete, der in den folgenden Jahren zur Verbreitung von Frameworks wie Scrum beitrug.

14.3. Schwierigkeiten von Scrum in Organisationen

Scrum wurde zur Markt beherrschen Methodik für agiles Projekt-management. Mitverantwortlich für den Erfolg ist die scheinbare Einfachheit von Scrum, das im Kern nur wenige Artefakte und drei Rollen umfasst. Kritisch zu sehen ist insbesondere die Rolle des Product-Owner, die inkompatibel zu vielen Organisationen ist. Die Rolle stellt in der ursprünglichen Bedeutung die wichtigste Entscheidungsinstanz im Kontext eines Scrum-Teams dar. Da viele Organisationen nach wie vor eine ausgeprägte hierarchische Entscheidungs-strukturen aufweisen, kollidiert diese Rolle in vielerlei Hinsicht mit der Organisationsstruktur. Oft werden dann Mischformen implementiert, die agiles Arbeiten behindern und zusätzlich die Aufwände erhöhen.

14.4. Der Kern der agilen Vorgehensweisen

Agil bedeutet im Wortsinn beweglich. Es geht um die Beweglichkeit sich ändernden Anforderungen und Situationen anpassen zu können. Diese lässt sich mit einem 5 Punkte-Programm erreichen.
1. Klare Vision (Ziel) und eine sortierte Liste mit Aufgaben
2. Arbeit in überschaubaren Schritten (verschachtelte Iterationen)
3. Nach jeder Iteration externe und interne Rückkopplungen (Kunde/ Team)
4. Regelmäßiges Lernen (Analysieren und Anpassen)
5. Soziale Unterstützung für das Projektteam/ Berücksichtigung Gruppen-dynamik

14.4.1. Vision und Ziel

Zu Beginn müssen Ziele oder Vision geklärt, dokumentiert und an alle Beteiligten kommuniziert werden. Des Weiteren müssen die nächsten Arbeitsschritte für einen leicht überschaubaren Zeithorizont definiert und zeitlich sortiert sein. Im Projekten müssen gelegentlich Einzel-Entscheidungen getroffen werden ohne ausführliche Rücksprachen treffen zu können. Bestehen Unklarheiten bezüglich der Ziele und die nächsten Arbeitsschritte kann es leicht zu inkonsistenten Entscheidungen kommen.

14.4.2. Iterationen und Kontrollschritte

Die zu erledigenden und lösenden Aufgaben müssen in zeitlich überschaubaren und ggf. verschachtelten Abschnitten abgearbeitet werden. Nach jedem Abschnitt (Iteration) müssen Kontrollschritte bezüglich des Arbeitsfortschritts und der Arbeitsweise eingefügt werden.

14.4.3. Aus Fehlern lernen

Aus den zuvor genannten Kontrollschritten können positive Aspekte oder Defizite der Arbeit identifiziert werden. Nach jedem Kontrollschritt müssen Maßnahmen zu Behebung der Defizite vereinbart und im nachfolgenden Schritt kontrolliert werden um eine sukzessive Verbesserung der Arbeitsweise erreichen zu können.

14.4.4. Soziale Unterstützung

Die Kooperation in einem reifen Teams, die Entscheidungsgeschwindigkeit und die daraus resultierende Effizienz und letztendlich der Projekt-Erfolg korrelieren stark mit der sozialen Reife der Gruppe (1). Soziale Reife als Ergebnis einer konstruktiven Gruppendynamik fällt nicht vom Himmel sondern muss aktiv gepflegt werden. In gewisser Weise schließt sich damit auch der Kreis zum Aspekt der klaren Vision, die sinngebend für die Gruppe sein kann und den Start der Entwicklung einer Gruppe zum Team darstellt.

14.5. Projektuhr

Diese zeitliche Umsetzung und Verschachtelung der Iretationen ist in Abbildung 1 dargestellt.

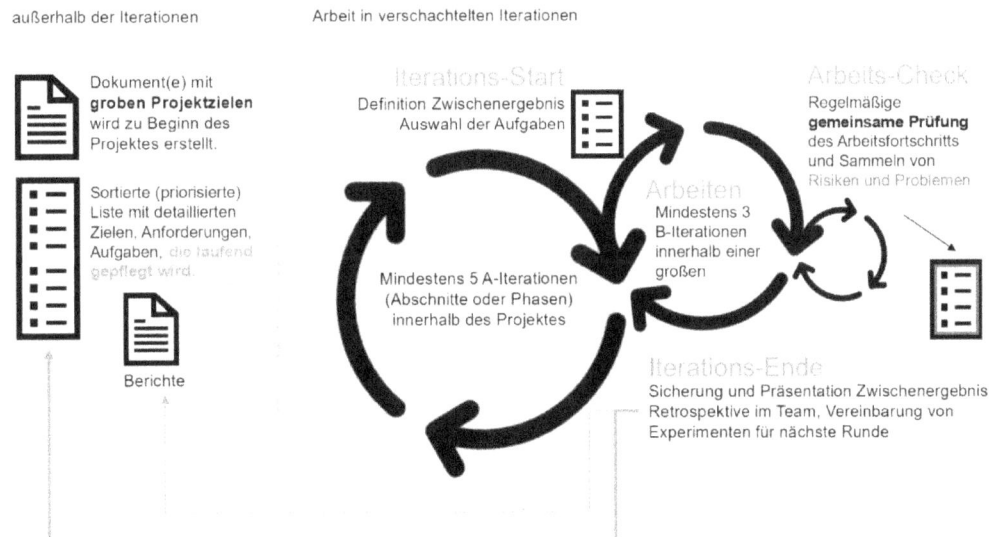

Abb. 14.1: Projektuhrwerk: Zeitlicher Ablauf der Iterationen und Zusammenhang mit Kontrollschritten

Eine korrekte Anwendung von Scrum mit allen Artefakten, Rollen und Konversationen ist inhaltlich mit dem Projektuhrwerk kompatibel. Das Projektuhrwerk erlaubt hingegen eine größere Freiheit bei der Ausübung der Rollen und fokussiert im Gegenzug auf die agilen Kernelemente, die in Scrum-ähnlichen Methoden oft vergessen werden.

14.6. Literatur

Lindenhahn, S. & Huber, E. (2010). Objektspektrum 2010. Warum Projektteams erfolgreicher sind als Projektgruppen?

15. Schutzfolge als Mittel der Führung

Dr. Cleo Becker
cleo.becker@pentaeder.de
pentaeder

Der vorliegende Beitrag stützt sich im Wesentlichen auf Erkenntnisse, die im Rahmen des Forschungsprojekts „Interdisziplinäre Lageinformationen zur Optimierung des radiologischen Lagebildes (ILaS RLB)" in Auftrag des Bundesamts für Strahlenschutz (BfS) gewonnen wurden. Ein Projektziel war es, eine Übersicht darüber zu gewinnen, wie in vielfältigen anderen Organisationen, Behörden und Ämtern Lagebilder erstellt werden. Ein untersuchter Aspekt war, inwieweit jeweils Schutzgüter, Schutzziele und Schutzstrategien Eingang in ein Lagebild oder in eine Lagedarstellung finden. Ein besonderer Dank ergeht an dieser Stelle an das BfS für die Ermöglichung des Projekts.

Im Zusammenhang von Schutzgütern, Schutzzielen und Schutzstrategie – im Folgenden auch als Schutzfolge bezeichnet - und Führen gibt es verschiedene Aspekte zu beachten: Ein zentraler Aspekt der Begründung von Krisenhandeln ist die Ableitung von konkreten Maßnahmen aus Zielen, die ein Stab bzw. Krisenmanagement verfolgt, typischerweise in den Phasen der Lagefeststellung und Planung (z. B. Lamers 2016). Das bedeutet, dass es für Stabsarbeit und die Erstellung eines Lagebilds von großer Bedeutung ist, Schutzgüter und -ziele zu vereinbaren und daraus Schutzstrategien herzuleiten. Ein weiterer Aspekt ist die Nutzung von Schutzzielen als Instrument der Führung: Wird ein Einsatz durch Auftrag geführt, gibt die Führungskraft vor, was die Absicht verbunden mit Zielen eines Auftrags, die zu erreichen sind durch die Führungskraft (van Creveld 1985). Wie gelangt die Führungskraft zu diesen Zielen?

Aktuelle Forschung (Mähler et al. 2023) zeigt, dass bezüglich der Schutzbegriffe in Stäben und bei Führungskräften nicht nur große Unsicherheit herrscht – oft werden die Begriffe synonym verwendet. Es werden in der Stabsarbeit oft weder Schutzgüter noch Schutzziele konkret definiert noch systematisch in eine Schutzstrategie umgesetzt. Im Folgenden werden zunächst die Begriffe definiert und mit dem Gebrauch in der Praxis abgeglichen. Schließlich werden mögliche Konsequenzen für die Erstellung von Lagebildern und für Führungshandeln diskutiert.

Wie ist „Schutzgut" definiert? Nach der Definition des Deutschen Bundestags (Deutscher Bundestag 2010, S. 31) ist Schutzgut „Alles, was aufgrund seines ideellen oder materiellen Wertes vor Schaden bewahrt werden soll." In den Berichten zur Risikoanalyse des Deutschen Bundestags sind beispielsweise Mensch, Umwelt, Wirtschaft und Kultur genannt (Ebda.). Ebenso kann aber z. B. für ein Wirtschaftsunternehmen die Reputation der Firma ein Schutzgut sein oder für eine Bundesbehörde ihr Kerngeschäftsvorgang. Als konkretes Beispiel sei die menschliche Gesundheit genannt. Diese könnte durch einen Schaden derart bedroht sein, dass der Staat sich um ihren Schutz kümmern muss, beispielsweise durch ionisierende Strahlung. Diese ist ein Produkt von Atomkernschmelze, ist aber ebenfalls als natürliche Strahlung z. B. in Granit oder in der Erdatmosphäre zu finden. Je nach Wohnort, Ernährungs- und Lebensgewohnheiten ist ein Mensch in Deutschland zwischen 1 und 10 Millisievert an natürlicher ionisierender Strahlung ausgesetzt (Bundesamt für Strahlenschutz 2023). Die Strahlung ist nicht in jeder Dosis sofort schädlich. Es wäre also nicht nötig und womöglich nicht leistbar für den Staat, die Menschen vor jedweder solcher Strahlung zu schützen. Ansonsten müssten Gebiete abgesperrt, die Verwendung von Granitsteinen in Küchen oder das Fliegen verboten werden. Es muss also herausgefunden werden, ab wann Schäden auftreten können: Es erfolgt eine Quantifizierung des Schutzguts in Form eines Schutzziels, welches definiert ist als „Zustand eines Schutzgutes, der bei einem Ereignis erhalten bleiben soll (Deutscher Bundestag 2010, S. 31)". Für die menschliche Gesundheit und ionisierende Strahlung bedeutet das konkret z. B. die Definition eines jährlichen Grenz- bzw. Schwellenwertes, ab dem nach medizinischen Erkenntnissen eine Gefährdung besteht. Die Bestimmung von Schutzzielen trägt dazu bei zu bestimmen, ab wann oder auch bis zu welchem Grad staatliches oder organisationales Handeln erforderlich ist. Davon leitet sich schließlich die Schutzstrategie ab. Darunter ist die Gesamtheit der Maßnahmen zur Erreichung der Schutzziele zu verstehen. Dabei kann es sich um generische Schutzmaßnahmen wie z. B. die Einführung eines Röntgenpasses als präventive Maßnahme oder um spezifische Schutzmaßnahmen wie die Bestimmung eines konkreten Grenzwerts handeln. In § 78 (1) des Strahlenschutzgesetzes (Deutscher Bundestag 27.06.2017) ist beispielsweise die jährlich zugelassene Strahlungsmenge von Angestellten in Forschungs- oder nuklearmedizinischen Bereichen auf 20 Millisievert im Kalenderjahr festgelegt. In Konsequenz tragen die Angestellten bei der Arbeit Dosimeter, die regelmäßig überprüft werden.

Es ergibt sich also eine Schutzfolge vom Schutzgut über Schutzziel zur Schutzstrategie, die Entscheidungen für konkretes Handeln unterstützt. Was ein Schutzgut darstellt, ist durch gesellschaftliche oder organisationale Normen und Werte bestimmt. Die Quantifizierung der Schutzziele sollte im (gesellschaftlichen) Diskurs ausgehandelt werden oder muss anhand organisationaler Bedingungen festgelegt und ggf. in den jeweiligen Zusammenhängen priorisiert werden. Die Schutzstrategie umfasst schließlich die präventiven und / oder spezifischen Handlungen, die zur Erreichung der Schutzziele führen sollen.

menschl. Gesundheit   Quantifizierung durch Festlegung   Gesetzliche
                         eines Grenzwerts   Arbeitsschutzbestimmungen

Abb. 15.1: Beispiel für Schutzfolge

Wie sieht diese Schutzfolge nun in der Realität aus? Im Rahmen des angegebenen Forschungsprojekts ILaS RLB wurden zusammengenommen 30 Interviews mit Menschen, die in 14 verschiedenen Organisationen, Behörden und Ämtern in Stäben arbeiten und zur Erstellung eines Lagebilds beitragen, geführt. Insgesamt war verschiedentlich eine allgemeine begriffliche Unschärfe und Uneinheitlichkeit in der Verwendung verschiedener Begriffe festzustellen, u. a. auch in Bezug auf Begriffe innerhalb der Schutzfolge. Meist werden Schutzgüter - wenn überhaupt - nur pauschal benannt, so z. B. „die Sicherheit des Personals". Worin diese Sicherheit besteht, wird i. d. R. nicht näher bestimmt. Es könnte aber die körperliche Unversehrtheit genauso gemeint sein wie die psychische Gesundheit, aber auch familiäre, finanzielle oder berufliche Sicherheit. Eine derartige Unbestimmtheit erschwert einem möglichen Krisenstab das Erfassen des konkreten Auftrags: Was genau soll geschützt werden? Falls weitere, ebenso diffuse Schutzgüter existieren, ist es u. U. schwierig, eine Priorisierung vorzunehmen. Insgesamt erscheint es als problematisch, bei unklaren Schutzgütern zu einem gemeinsamen Lageverständnis im Krisenstab zu gelangen.

Eine Quantifizierung findet laut Interviews i. d. R. ebenfalls nicht statt. Dies erschwert nicht nur eine effiziente Maßnahmenplanung z. B. mit einer Gegenüberstellung erforderlicher und tatsächlich vorhandener Ressourcen, sondern ebenso eine entsprechende Kontrolle, ob die angestrebten Schutzziele erreicht wurden. Nehmen wir das Beispiel „Sicherheit des

Personals": bezieht sich der Schutz auf die körperliche Unversehrtheit, kann es für Personal in einem Krisenland ausreichend sein, sich in sicheren Umgebungen aufzuhalten (z. B. Firmenräume, eigene Wohnung), vielleicht müssen Menschen aber auch ausgeflogen werden. Körperliche Unversehrtheit von Angestellten umfasst aber eigentlich nicht ihre Familie. Wird diese dann nicht geschützt? Gehört der Hund zur Familie? Wird eine psychosoziale Betreuung angeboten? Wird das Personal finanziell unterstützt? Wo endet die Fürsorgepflicht der Organisation oder des Staates und wo beginnt die Selbstverantwortlichkeit der einzelnen Person? Selbst wenn diese Fragen schwierig zu beantworten sind, zeigt es sich an eben diesen Fragen, was von einer Organisation ggf. alles zu leisten ist oder eben nicht, d. h. eine genaue Definition und Quantifizierung erleichtert die Bestimmung auszuführender Maßnahmen und einzusetzender Ressourcen. Wenn neben Sicherheit die „Wirtschaftlichkeit" im Sinne von Erhalt der wirtschaftlichen Grundlage eines Unternehmens ein Schutzgut ist, kann ohne eine Quantifizierung der Schutzziele nicht fundiert entschieden werden, wie Maßnahmen zu priorisieren und auszuführen sind. Die Operationalisierung der Schutzfolge stellt demnach eine Unterstützung von Entscheidungsprozessen dar. Wenn nicht klar ist, was genau das Schutzgut ist und bis zu welchem Grad es geschützt werden soll, kann keine wirksame Schutzstrategie abgeleitet und später überprüft werden.

Was sind die Konsequenzen für Führungshandeln? Ist Führen durch Auftrag die eingesetzte Strategie im Stab, ist die Operationalisierung der Schutzfolge ein wertvolles Hilfsmittel. Sie trägt zu einem besseren gemeinsamen Verständnis der Lage bei. Wenn den Menschen im Stab klar ist, wer oder was bis zu welchem Grad geschützt werden soll, tun sie sich leichter damit, entsprechende Maßnahmen zu finden, umzusetzen und später deren Wirkung zu kontrollieren. Zunächst empfiehlt es sich also, Schutzgüter konkret zu benennen und festzulegen. Wenn möglich, sollten dann übergeordnete und konkrete Schutzziele quantifiziert bzw. mit einem Schwellenwert versehen und ggf. priorisiert werden. Danach erfolgt die Ableitung generischer und spezifischer Maßnahmen, um die festgelegten Ziele zu erreichen. In einem späteren Schritt kann dann unter Berücksichtigung der Lageentwicklung die Evaluation erfolgen, wie erfolgreich die Maßnahmen hinsichtlich der Schutzziele waren, ob nachgesteuert oder womöglich auch ein Strategiewechsel vorgenommen werden muss.

15.1. Literatur

Bundesamt für Strahlenschutz (2023): Ionisierende Strahlung. Hg. v. Bundesamt für Strahlenschutz. Online verfügbar unter https://www.bfs.de/DE/themen/ion/strahlenschutz/beruf/grenzwerte/grenzwerte_node.html, zuletzt geprüft am 02.10.2023.

Deutscher Bundestag (2010): Bericht zur Risikoanalyse im Bevölkerungsschutz 2010. Hg. v. Deuscher Bundestag. Berlin (Drucksache, 17/4178).

Deutscher Bundestag (27.06.2017): Gesetz zum Schutz vor der schädlichen Wirkung ionisierender Strahlung (Strahlenschutzgesetz - StrlSchG). StrlSchG, vom Zuletzt geändert durch Art. 9 G v. 25.02.2021 I 306.

Lamers, Christoph (2016): Stabsarbeit im Bevölkerungsschutz: Historie, Analyse und Vorschläge zur Optimierung. Edewecht: S+K.

Mähler, Mareike; Hofinger, Gesine; Becker, Cleo; Künzer, Laura (2023): Das Lagebild Bevölkerungsverhalten in der Stabsarbeit (LaBS): wissenschaftlicher Abschlussbericht. Friedrich-Schiller-Universität Jena. Jena.

van Creveld, Martin L. (1985): Command in war. Cambridge Mass.: Harvard University Press.

16. Auswertung menschlicher Faktoren in der Gefahrenabwehr

Svem Werner Garbe, M. Sc., Brandrat
svengarbe@me.com
Abteilung strategische und taktische Planung, Feuerwehr Münster

16.1. Menschliche Faktoren

In einem soziotechnischen oder technischen Arbeitssystem nimmt der Mensch eine entscheidende Rolle ein. Nur dieser ist in der Lage, Gefahren zu klassifizieren, potenzielle Risiken zu erkennen und darauf basierend proaktiv zu handeln. Physische, psychische und soziale Charakteristika des Menschen, die die Interaktion untereinander oder mit dem System beeinflussen oder von diesem beeinflusst werden, werden als menschliche Faktoren (engl. human factors) bezeichnet und untersucht (Badke-Schaub et al., 2008).

Ergebnisse der Forschung im Bereich der menschlichen Faktoren zeigen, dass der Großteil der Fehler und Unfälle in heutigen Arbeitssystemen auf menschliche Faktoren zurückzuführen sind (University of Aberdeen Industrial Psychology Research Centre, Scottish Clinical Simulation Centre, 2003).

Die menschlichen Fähigkeiten sind demnach eine entscheidende, begrenzte Ressource. Die Betrachtung der dabei zugrunde liegenden menschlichen Faktoren ist notwendig, um Anwendungswissen zur Problemlösung in der Praxis bereitzustellen. Eine Systemgestaltung auf dieser Grundlage sollte die individuellen Fähigkeiten und Bedürfnisse des Menschen berücksichtigen (Badke-Schaub et al., 2008).

Ein Beispiel eines solchen Konstruktes, bestehend aus Ebenen, Elemente der Ebenen und der Systemumwelt ist in Abbildung 16.1 dargestellt.

Um einen Zusammenhang zwischen Ergebnis und ursächlichen menschlichen Faktoren in technischen oder soziotechnischen Systemen herzustellen, ist es erforderlich, menschliche Faktoren auf drei Ebenen zu betrachten. Diese Ebenen sind das Individuum, die Gruppe/das Team, die Organisation und die Technik (Badke-Schaub et al., 2008).

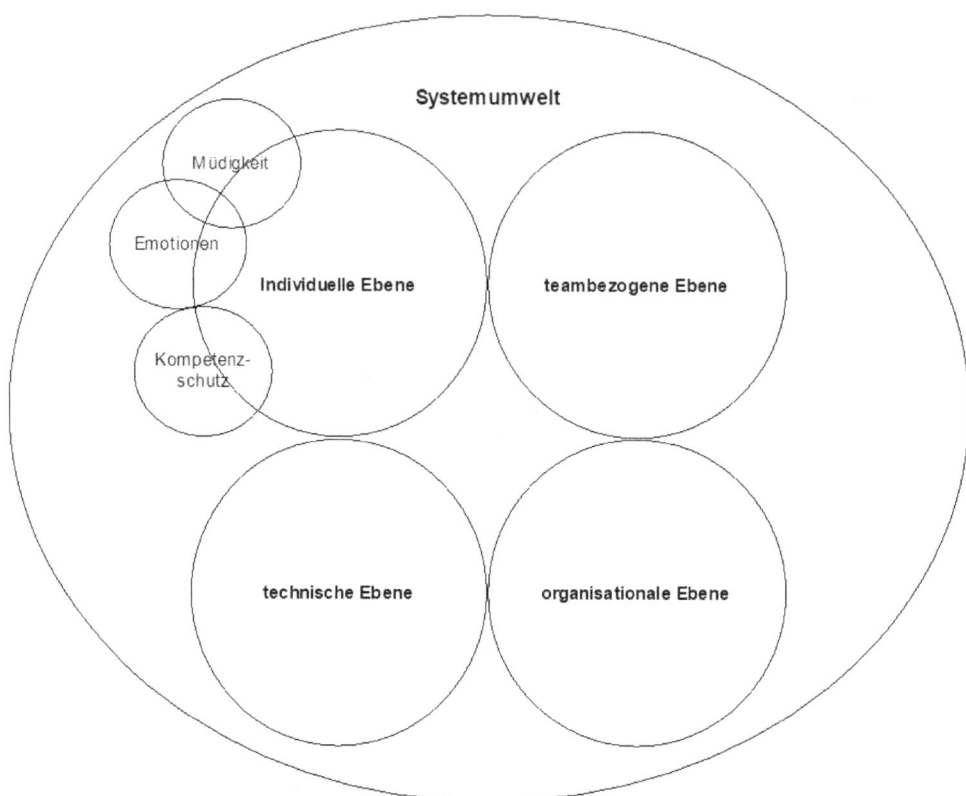

Abb. 16.1: Beispiel eines Konstrukt-Raums menschlicher Faktoren eingebettet in die Systemumwelt

Im Folgenden wird der Fokus auf die Individuelle und die teambezogene Ebene gelegt und die technische wie organisationale Ebene nicht weiter betrachtet.

16.2. Übungsauswertung mit Behavioural Marker Systemen

Grundlage der Unterscheidung von Verhalten sind die in der Psychologie entwickelten Behavioural Marker Systeme. Sie ermöglichen eine Messung von Verhalten indem dieses in Kategorien definiert und mit Elementen spezifiziert wird. Durch Beispiele, sogenannte „Behavioural Marker", lässt sich das beobachtete Verhalten in positiv und negativ unterscheiden [2, 3]. Manser, Perry und Schmutz weisen darauf hin, dass Behavioural Marker Systeme jedoch nicht alle nicht-technischen Fähigkeiten bzw. menschliche Faktoren erfassen und diese je nach Anwendungsbereich ergänzt werden können (Manser et al., 2013).

Das Anaesthetists Non-Technical Skills System, kurz ANTS System, wurde von 1999 bis 2003 durch eine Zusammenarbeit der University of Aberdeen

Industrial Psychology Research Centre und der Scottish Clincal Simulation Centre entwickelt. Ziel dieser Zusammenarbeit war die Entwicklung eines Trainingsprogrammes für die Auszubildenden im Bereich der Anästhesie im Vereinigten Königreich. Als Reaktion auf die Einführung eines auf Kompetenz basierenden Ausbildungsprogramms sollten hierbei die nicht-technischen Fähigkeiten den Schwerpunkt des Trainings darstellen (University of Aberdeen Industrial Psychology Research Centre, Scottish Clinical Simulation Centre, 2003).

Kategorie (category)	Element (element)
Aufgabenmanagement (task management)	Planung und Vorbereitung (planning and preparing)
	Priorisierung (prioritising)
	Bereitstellung Einhaltung von Standards (providing and maintaining standards)
	Identifizierung und Verwendung von Ressourcen (identifying and utilising resources)
Teamarbeit (team working)	Koordinierung von Aktivitäten mit Teammitgliedern (co-ordination activities with team members)
	Austausch von Informationen (exchanging information)
	Nutzen von Autorität und Durchsetzungsvermögen (using authority and assertiveness)
	Bewerten von Fähigkeiten (assessing capabilities)
	Unterstützung anderer (supporting others)
Situationsbewusstsein (situation awareness)	Sammeln von Informationen (gathering information)
	Erkennen und Verstehen (recognising and understanding)
	Antizipieren (anticipating)
Entscheidungsfindung (decision making)	Identifizieren von Optionen (identifying options)
	Risiko abwägen und Optionen auswählen (balancing risk and selecting options)
	Reevaluierung (re-evaluating)

Abb. 16.2: Kategorien und Elemente des ANTS-Systems, übersetzt und in der Originalsprache, modifiziert (Flin et al., 2003)

Im Rahmen einer Abschlussarbeit im Jahr 2018 wurde der Versuch unternommen, mittels eines modifizierten ANTS-Systems den Verlauf des Einflusses menschliche Faktoren während einer Stabsrahmenübung eines administrativ-organisatorischen Stabes auszuwerten.

Das ANTS System wurde für die Verwendung im medizinischen Bereich, speziell der Anästhesie, entwickelt (University of Aberdeen Industrial Psychology Research Centre, Scottish Clinical Simulation Centre, 2003). Es wies daher für die Anästhesie entwickelte Kategorien, Elemente und Anker-Beispiele auf, welche zunächst auf die Anwendbarkeit auf die Stabsarbeit geprüft werden mussten.

Während die Kategorien und Elemente direkt übernommen werden konnten, wiesen die Anker-Beispiele des ANTS Systems zum Teil einen direkten fachlichen Bezug zur Anästhesie auf. Damit alle Elemente ausreichend Anker-Beispiele mit einem fachlichen Bezug zu Stabsarbeit aufweisen, mussten Beispiele angepasst und ergänzt werden. Breuer und St. Piette beschreiben dieses Vorgehen in Verhalten ist messbar, veröffentlicht 2013 in Simulation in der Medizin (Manser et al., 2013).

Die Bewertung wurde von 5 Beobachtern anhand von 5-minütigen Videosequenzen der Übung aus verschiedenen Blickwinkeln durchgeführt. Nach der Sichtung einer 5-minütigen Sequenz wurde die Videoaufzeichnung pausiert und die Bewertung durch die Beobachter vorgenommen. Zunächst erfolgte eine individuelle Bewertung durch die Beobachter und anschließend eine moderierte kommunikative Validierung. Hierdurch wurden die Beobachtungen und Einschätzungen der vier Beobachter zusammengeführt und die Beobachterübereinstimmung erhöht. Vor dem Hintergrund einer kurzen Diskussion hatten die Beobachter anschließend die Möglichkeit, die vorgenommene Bewertung anzupassen.

Die so ermittelte zentrale Tendenz der Ergebnisse wurde anschließend in Verlaufsdiagrammen für die vier Kategorien und die Gesamtbewertung einer Kategorie veranschaulicht.

Im Folgenden werden die Verlaufsdiagramme der Kategorien (Category Rating) im Kontext der Handlung dargestellt.

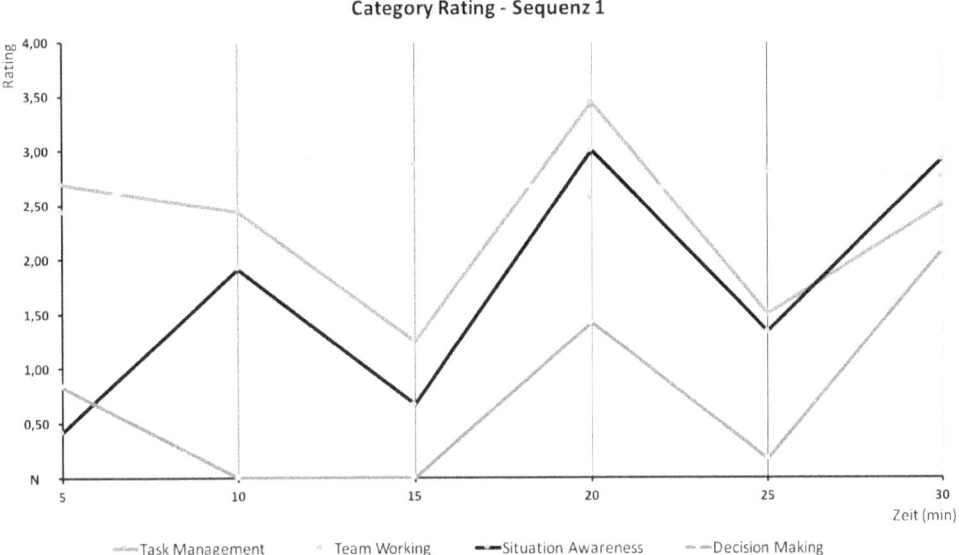

Abb. 16.3: Kategorie Bewertung (Category Rating) als Verlaufsdiagramm der Sequenz 1

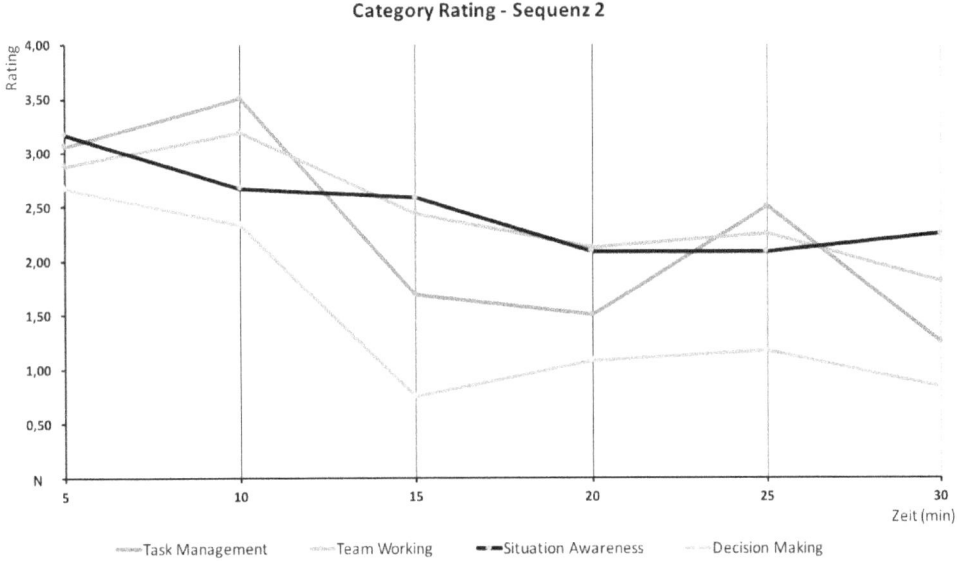

Abb. 16.4: Kategorie Bewertung (Category Rating) als Verlaufsdiagramm der Sequenz 2

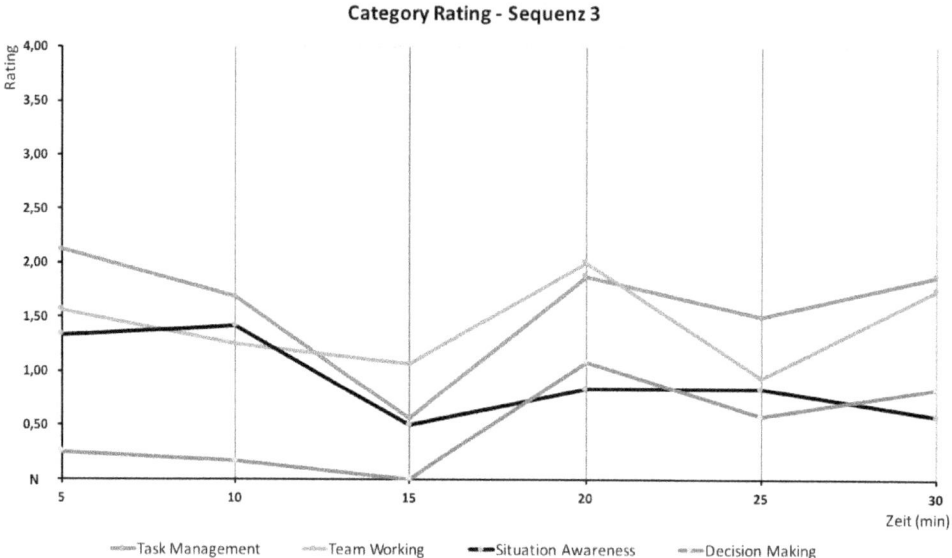

Abb. 16.5: Kategorie Bewertung (Category Rating) als Verlaufsdiagramm der Sequenz 1

Vergleicht man die Sequenzen, so fällt auf, dass die Kategorie Team Working in allen drei Sequenzen eine der stärksten Ausprägungen der vier Kategorien aufweist. Eine starke Ausprägung dieser Kategorie zeigt Fähigkeiten für das Arbeiten in einem Gruppenkontext, eine gemeinsame Aufgabenerfüllung und die Konzentration auf die Zufriedenheit der Teammitglieder. Hierbei liegt der Fokus mehr auf dem Team selbst, als auf den Aufgaben, welche dem Team gestellt werden (University of Aberdeen Industrial Psychology Research Centre, Scottish Clinical Simulation Centre, 2003).

Ein weiteres prägnantes Merkmal der beobachteten Arbeit des Katastrophendienststabes ist der Rhythmus der Merkmale Task Management, Situation Awareness und Decision Making in der Sequenz 1 und der stetige Abwärtstrend der Kategorien in den Sequenzen 2 und 3.

Der vermutete systematische Arbeitsablauf führte in der ersten Sequenz zu einer deutlich gesteigerten Ausprägung der drei Kategorien und einem Aufwärtstrend, welche in den folgenden Kategorien nicht fortgeführt wurde. Legt man den in der Katastrophenschutz-Dienstvorschrift Führung und Einsatz (KatS-Dv 100) enthaltenen Führungsvorgang zu Grunde, lässt sich ein Ansatz für das rhythmische Auftreten dieser Kategorien finden.

16.3. Fazit

Durch Verwendung und Anpassung des ANTS Systems konnte die Übung im Nachhinein erfolgreich ausgewertet werden. Die Anpassungen der Anker-Beispiele führten zu der erfolgreichen Anwendung des Behavioural Marker Systems. Die auf die Stabsarbeit angewendeten und ergänzten Anker-Beispiele wurden durch das Fachwissen und die kommunikative Validierung der Beobachter zusätzlich ergänzt. Bei einer erneuten Anwendung ist ein Training der Beobachter zu empfehlen, um einen routinierten Umgang bei der Anwendung des Behavioural Marker System, so wie es in der Literatur zum ANTS System beschrieben wird, zu erreichen.

Die 30-minütigen Sequenzen zeigten sich in Bezug auf den Umfang dieser Arbeit zwar als zielführend, eine Erweiterung der Auswertung über den gesamten Zeitraum kann die Ergebnisse jedoch ergänzen. Da sich die Arbeit eines Stabes über einen langen Zeitraum erstreckt, sollte dies bei der Anwendung eines Behavioural Marker Systems zur Ausbildung in der Stabsarbeit berücksichtigt werden.

16.4. Literatur

Badke-Schaub P, Hofinger G, Lauche K. Human Factors (2008). In: Human Factors - Psychologie sicheren Handelns in Risikobranchen. Berlin Heidelberg: Springer. S. 3-17.

University of Aberdeen Industrial Psychology Research Centre, Scottish Clinical Simulation Centre (2003). Anesthetists Non-Technical Skills (ANTS) System Handbook v1.0. Aberdeen: University of Aberdeen.

T. Manser, J. Perry, J. Schmutz (2013). Verhalten ist messbar: Behavioural Marker Systeme und Kompetensentwicklung. In: G. Breuer. Simulation in der Medizin. Berlin Heidelberg: Springer Medizin. 170–9.

G. Fletcher, R. Flin, P. McGeorge, R. Glavin, N. Maran, R. Patey (2003). Anaesthetists Non-Technical Skills (ANTS): evaluation of a behavioural marker system. British Journal of Anaesthesia. 90(5):80–8. DOI 10.1093/bja/aeg112

Flin R, Glavin R, Maran N, Patey R. (2003). Anaesthetists Non-Technical Skills (ANTS) System Handbook v.1.0. Aberdeen: University of Aberdeen.

17. Verantwortlichkeiten einer Führungskraft nach kritischen Ereignissen

Prof. Dr. Bettina Schleidt, Diplom-Psychologin & Berufshubschrauberpilotin
Bettina.schleidt@srh.de
SRH Hochschule Heidelberg

17.1. Einleitung

In diesem Beitrag wird thematisiert, welche Verantwortlichkeiten und Aufgaben eine Führungskraft hat, nachdem eine kritische Situation bewältigt wurde. Ein kritisches Ereignis wird als eine (oftmals Einsatz-)Situation definiert, die von Personen, die sie erlebt haben, als kritisch bzw. emotional belastend erlebt wird. Die nachfolgenden Überlegungen stehen unter dem Motto: Nach dem Einsatz ist vor dem Einsatz.

Es lassen sich (mindestens) zwei Bereiche unterscheiden: zum einen sollte es eine **inhaltliche und auf das Ereignis bezogene Nachbereitung**, zum anderen eine **persönliche Nachbereitung** aller Beteiligten im Hinblick auf erlebte Belastungen und vorhandene Ressourcen (-> Ziel = Regeneration) geben. Nach einer kurzen Übersicht über notwenige Voraussetzungen für das Durchlaufen einer systematischen Nachbereitung kritischer Ereignisse werden diese beiden Bereiche näher betrachtet. Ein Fazit bildet den Abschluss.

17.2. Voraussetzungen

Persönliche Voraussetzungen für eine wie nachfolgend beschriebene systematische Nachbereitung kritischer Ereignisse sind folgende Punkte, die eine Führungskraft verinnerlicht haben sollte:

- Bewusstsein und Klarheit haben, dass ein kritisches Ereignis stattgefunden hat bzw. bewältigt wurde, welches einer Nachbereitung bedarf
- Wissen über Methoden, wie eine Nachbereitung durchgeführt werden kann und welche Ressourcen dafür genutzt werden können
- Wille zur Umsetzung und Entscheidung für eine Nachbereitung
- Durchführen der Nachbereitung, das heißt Kommunikation mit den Teammitgliedern, Organisation der Veranstaltung (Festlegen der Zeit und des Ortes, ggf. externe Ressourcen zur Moderation etc)

- Nachhalten bzw. Evaluation der aus der Nachbereitung abgeleiteten Konsequenzen, vor allem auch in Hinblick auf die Bewältigung zukünftiger kritischer Ereignisse, ggf. auch in der Organisation und gegenüber Vorgesetzten

Auch wenn aus dieser Liste einige Punkte delegiert werden können, muss klar sein, dass die Führungskraft die Verantwortung (und den Überblick) für den Gesamtprozess hat.

Aus Sicht der Organisation ist eine Voraussetzung für eine erfolgreiche Nachbereitung, dass es eine offene Kultur im Sinne einer Just Culture gibt, also eine Kultur, die von Vertrauen geprägt ist und in der die Mehrheit der Mitglieder ihre Grundannahmen und Normen am Thema Sicherheit und damit an sicherem Handeln ausrichten (Schleidt, 2018), und in der Fehler zuzugeben werden können und die Bereitschaft besteht, aus diesen Fehlern für zukünftige Ereignisse zu lernen

17.3. Auf das Ereignis bezogene Nachbereitung

Nachdem die Führungskraft entschieden hat, dass ein kritisches Ereignis nachbereitet werden soll und welche Methoden (ggf. abhängig von der Gruppengröße) dazu genutzt werden sollen, wird die Veranstaltung organisiert und an alle Beteiligten kommuniziert.
Der erste Punkt der Nachbereitung sollte die Verständigung auf eine gemeinsame Zielsetzung sein, außerdem sollten Regeln beispielsweise zur Vertraulichkeit festgelegt werden. Im nächsten Schritt wird das kritische Ereignis inhaltlich ausgewertet: Was lief gut? Was könnte verbessert werden? Eine mögliche Strukturierung dieser IST-Aufnahme könnte sein:

- Bearbeitung und Verteilung der Aufgaben
- Umwelt bzw. Umgebungsbedingungen
- Einsatz der zur Verfügung stehenden Technik
- Soziales Umfeld bzw. kollegiales Miteinander, beispielsweise Abstimmung und Kommunikation oder das mentale Modell des Teams
- Organisatorischer Ablauf, beispielsweise Zusammenarbeit an Schnittstellen zu anderen Organisationen

Anschließend geht es um die Frage, welche auf das Ereignis bezogene Schlussfolgerungen sich in den verschiedenen Bereichen für die Bewältigung zukünftiger kritischer Ereignisse ergeben. Was brauchen wir, um beim nächsten Ereignis dieser Art sicher(er) handeln zu können? An welchen Stellen sollten bestehende Abläufe und/oder Checklisten angepasst werden? Welchen (Nach)Schulungsbedarf gibt es? Welchen Kommunikations- oder Abstimmungsbedarf gibt es vor dem nächsten kritischen Ereignis? Sind Aufgaben und Zuständigkeiten klar? Dies ist der SOLL-Zustand.

Im nächsten Schritt werden Maßnahmen geplant, die die Lücke zwischen IST und SOLL-Zustand schließen sollen und die dabei unterstützen, dass sich die Bedingungen für die Bewältigung des nächsten Ereignisses verändern bzw. verbessern. Das können beispielsweise Anpassungen in den Abläufen und/oder Checklisten, Abstimmungen mit anderen Beteiligten, erforderliche Schulungen oder technische Anschaffungen sein.
Daran schließt sich die zeitliche Planung und Umsetzung dieser Maßnahmen sowie die Dokumentation an. Den Abschluss bildet eine Bewertung, ob die zu Beginn der Nachbereitung festgelegte Zielsetzung erreicht wurde.

In Abbildung 17.1 wird der Ablauf zusammengefasst.

Abb. 17.1: Ablauf der auf ein Ereignis bezogenen Nachbereitung

Im nächsten Abschnitt wird der Fokus auf die Nachbereitung auf individueller Ebene und damit die Grundlage für die persönliche Regeneration beschrieben.

17.4. Persönliche Nachbereitung als Voraussetzung für Regeneration

Wie bereits kurz angesprochen, sollte neben der inhaltlichen Auswertung eines kritischen Ereignisses auch eine persönliche Auswertung aller Beteiligten erfolgen. Eine von mehreren Möglichkeiten ist, diese (Selbst-)Reflexion an die inhaltliche Analyse im Team anzuschließen. Seit vielen Jahren gibt es Maßnahmen wie strukturierte Nachbesprechungen (Debriefings) nach kritischen Ereignissen, die als besonders belastend in Bezug auf die eigene Person oder auf eine Person in unmittelbarer Nähe wahrgenommen werden. Sie werden oftmals im Ansatz des sogenannten Critical Incident Stress Management (CISM) zusammengefasst. Um eine Maßnahme dieser Art, die von speziell ausgebildeten Fachkräften durchgeführt wird, geht es an dieser Stelle nicht. Es geht vielmehr darum, als Führungskraft im Sinne der Fürsorge für sich selbst aber auch für die Teammitglieder das persönliche Wohlbefinden und die Leistungsfähigkeit des/der Einzelnen im Blick zu haben. Indem es die Möglichkeit gibt, das kritische Ereignis auf der individuellen Ebene zu reflektieren und sich Ressourcen vor Augen zu führen, die dazu beitragen können, dass der persönliche Akku wieder aufgeladen werden kann, wird eine gute Grundlage für die nach der Bewältigung eines kritischen Ereignisses erforderliche Erholung bzw. Regeneration gelegt.

Dahinter steht das Prinzip der Homöostase als einem Gleichgewichtszustand des biologischen Systems Mensch und als Basis für Gesundheit (Brinkmann, 2014). Sie zielt auf einen ausbalancierten Zustand im körperlich-biologischen, im seelisch-mentalen Bereich und im zwischenmenschlich-gesellschaftlichen Bereich ab. Damit hängen das Gefühl des Wohlbefindens und die individuell wahrgenommene Leistungsfähigkeit zusammen.

Auch hier gibt es verschiedene Voraussetzungen, die erfüllt sein sollten, damit Regeneration gelingen kann:

- Dem/r Einzelnen sollte bewusst sein oder werden, dass es einen Zusammenhang zwischen dem kritischen Ereignis, den damit verbundenen (oftmals Stress-)Belastungen und dem eigenen Wohlbefinden geben kann.

- Er/sie sollte wissen, welche Möglichkeiten und Ressourcen es gibt, um sich zu erholen und dass es wichtig ist, einer Phase der Anspannung bzw. Belastung eine Phase der Entspannung entgegenzustellen.
- Er/sie sollte den Willen und die Selbstdisziplin haben, konkrete Aktivitäten zu planen, umzusetzen und ggf. anzupassen, wenn nicht der erwünschte Effekt eingetreten ist.

In der persönlichen Auswertung können folgende Fragen Orientierung geben: Wie gut habe ich mich auf das kritische Ereignis vorbereitet gefühlt? Wie fit (mental und körperlich) bin ich in den Einsatz gegangen? Wie ging es mir während des kritischen Ereignisses und im Anschluss daran? Was kann ich ggf. präventiv tun, um bei zukünftigen Ereignissen besser persönlich vorbereitet und ggf. auch leistungsfähiger zu sein? Was kann ich tun, um mich vom Erlebten zu erholen? Was hat mir bisher geholfen, mit ähnlich belastenden Ereignissen umzugehen?

Ressourcen, auf die der Einzelne zurückgreifen kann, können beispielsweise ausreichend Schlaf, eine ausgewogene Ernährung, regelmäßige Bewegung, Aufenthalt in der Natur, Achtsamkeitspraktiken wie Meditation oder Gespräche mit Familienangehörigen oder Freunden sein.

Die Führungskraft moderiert diesen Prozess, kann als Ratgeber für das Identifizieren von Ressourcen fungieren und/oder ein Vorbild sein, indem auch sie nach kritischen Situationen selbstfürsorglich mit sich umgeht und sich Phasen der Erholung gönnt. Außerdem liegt es in ihrer Verantwortung, zu erkennen, wenn mit externer Unterstützung Maßnahmen wie beispielsweise das bereits erwähnte CISM Debriefing durchgeführt werden sollten und eine interne Nachbereitung allein nicht ausreichend ist.

17.5. Fazit

Dass Führungskräfte anspruchsvolle Aufgaben haben, ist keine neue Erkenntnis – dies gilt auch für die Nachbereitung kritischer Ereignisse: Auf das Geschehen an sich bezogen, auf das Team und auf die eigene Person bezogen. Eine systematische Aufarbeitung dessen, was inhaltlich und persönlich erlebt wurde, ist eine sehr gute Voraussetzung, um daraus für zukünftige Ereignisse zu lernen und Prozesse der individuellen Regeneration anzustoßen.

Damit diese Art der Nachbereitung und das damit verbundenen Lernen in Teams und Organisationen keine Zufälle sind, empfiehlt es sich, dieses Thema mit geeigneten Methoden fest in der Ausbildung und/oder Weiterbildung von Führungskräften zu verankern.

17.6. Literatur

Brinkmann, R. (2014). Angewandte Gesundheitspsychologie. Hallbergmoos: Pearson.

Reason, J. (1997). Managing the Risks of Organizational Accidents. Burlington: Ashgate.

Schleidt, B. (2018). Psychologie sicheren Handelns bei der Arbeit. In Brinkmann, R. (Hrsg.), Angewandte Wirtschaftspsychologie (S.417-447). Halbergmoos: Pearson.

Stiftung Mayday, 2023. CISM Informationsbroschüre, verfügbar unter https://www.stiftung -mayday.de/wp-content/uploads/2019/02/CISM-Informationsbroschuere.pdf (28.08.2023).

18. Exkursionen

Wir bedanken uns ausdrücklich bei den Unterstützern, die uns die diesjährigen Exkursionen zum Landeskrisenstab Hessen im Hessischen Ministerium des Innern und für Sport in Wiesbaden, der Deutschen Flugsicherung in Langen, der Berufsfeuerwehr Frankfurt am Main und dem Führungsstab des Polizeipräsidiums Westhessen in Wiesbaden ermöglicht haben. Hier einige wenige bildhafte Eindrücke und Folien, die für sich selbst sprechen:

Was ist die DFS?

Die DFS Deutsche Flugsicherung GmbH mit Sitz im hessischen Langen ist für die Flugverkehrskontrolle in Deutschland zuständig. Sie ist ein privatrechtlich organisiertes Unternehmen, das zu 100 Prozent dem Bund gehört.

Im Auftrag des Bundes nimmt die DFS die **Flugsicherungsaufgaben** wahr, wie sie im Luftverkehrsgesetz (§27c Absatz 2) aufgeführt sind.

Seit 1993 kontrolliert die DFS nicht nur die zivile Luftfahrt, sondern ist in Friedenszeiten auch für die Abwicklung des militärischen **Luftverkehrs** zuständig. Davon ausgenommen sind lediglich die Militärflughäfen.

Insgesamt ist die DFS bundesweit an 15 internationalen Flughäfen und über eine **Tochterfirma** an 9 Regionalflughäfen vertreten, wobei die Flugsicherung in den Towern und Kontrollzentralen zum Kerngeschäft gehört.

Die DFS beschäftigt aktuell circa 5600 **Mitarbeiterinnen und Mitarbeiter**, darunter 2200 Fluglotsen und 900 Techniker und Ingenieure.

Was ist die Aufgabe der DFS?

Aufgaben der Flugsicherungsdienste laut BMVD

· Die Flugverkehrslenkung und -überwachung

· Fluginformationsdienst während des Fluges

· Bereitstellung und Austausch von Informationen (z.B. über Hindernisse, Luftsperrgebiete, Wetter, Flugplätze) zur Planung, Vorbereitung und Durchführung von Flügen durch Publikationen und Beratung vor dem Flug

· Betrieb von Telekommunikations-, Navigations- und Ortungssystemen sowie der Nachrichtenaustausch zwischen verschiedenen Flugsicherungsorganisationen und -Dienststellen

· Ausbildung von Flugsicherungspersonal

· Zunehmende Bedeutung der optimalen Durchführung von Flügen zusätzlich nach wirtschaftlichen und ökologischen Aspekten durch Verkehrsflusssteuerung und Luftraum-Management

Tower Frankfurt

Der Flughafen Frankfurt (ICAO-Code EDDF, IATA-Code FRA) im Überblick:

4 Start- und Landebahnen:
07R/25L Länge 4000m
07L/25R Länge 2800m
07C/25C Länge 4000m
18 Länge 4000m

Fläche: 2160ha

Terminals: 2
(Terminal 3 ist im Bau
geplante Fertigstellung 2026)

Passagierzahlen und Frachtaufkommen der letzten Jahre:

2018 69,51 Millionen   2.213.887 Tonnen Cargo

2019 70,56 Millionen   2.128.476 Tonnen Cargo

2020 18,77 Millionen   1.952.628 Tonnen Cargo

2021 24,80 Millionen   2.320.000 Tonnen Cargo

Flugsicherung - Kernaufgaben

Verkehrsreichster Tag über Deutschland am 04.07.2019

Garantie eines reibungslosen und störungsfreien Verkehrsflusses
auf Luftstraßen und Flughäfen

Kontrolle und Überwachung der Flugzeuge bei
Start und Landung, sowie in der Luft bei Einhaltung der
vorgeschriebenen Sicherheitsabstände.

Moderne Flugsicherungssysteme liefern genaue
Angaben zu Höhe, Geschwindigkeit und weiteren Luftfahrzeugdaten.
Diese Technik wird von hoch spezialisierten Ingenieuren der DFS
gewartet, verbessert und ständig weiterentwickelt.

Die DFS – ein modernes Dienstleistungsunternehmen. Zu unseren
Kunden gehören die großen nationalen Fluggesellschaften ebenso
wie ausländische Fluggesellschaften, regionale Gesellschaften,
Privatflieger und die Bundeswehr.
Unseren Service leisten wir unter höchsten Qualitätsansprüchen.

Unser Maßstab dabei:
höchste Sicherheit

Fluglotsen

Radarlotse / Exekutivlotse

Sicherstellung von Staffelung.

Erteilung von Freigaben, sowie direkten Anweisungen an Piloten.

Sichere, ökonomische und ökologische Verkehrslenkung.

Führt Flugregelwechselverfahren IFR <=> VFR aus.

Planner / Koordinationslotse

Frühzeitiges Erkennen und Lösen von potenziellen Konflikten.

Weitergabe wichtiger Informationen an andere Kontrollsektoren.

Sichere, ökonomische und ökologische Verkehrsplanung im Voraus.

Unterstützung für den Radarlotsen.

Flugdatenbearbeiter (FDB)

Tätigkeiten und Aufgabenbereiche

Annahme, Prüfung, Bearbeitung und Weitergabe von Flugplandaten.

Entgegennahme, Auswertung und Verteilung der:

- Wetterdaten (Empfang über das Aeronautical Fixed Telecommunication Networ - AFTN)

- NOTAMS

- Daten zu Anfragen für die besondere Nutzung des Luftraums (BNL)

- Daten zu militärischen Flugvorhaben

Kontrollraum ACC Langen
Fakten und Zahlen

Fläche von ca. 1250m²

82 Arbeitspositionen für Fluglotsen

7 Arbeitspositionen für Flugdatenbearbeiter

Zentral gelegene "Brücke" mit
Arbeitspositionen für Supervisor, Datenassistent,
Flow Management und Technik / Engineer on
Duty EoD

Über 600 Bildschirme im 24-Stunden-Betrieb

Hauptsystem ATCASS / P2

Fallbacksystem PHOENIX

Der Kontrollraum und alle Arbeitspositionen
stehen unter der Aufsicht der Supervisor bzw. des
"Supervisors in Charge SViC"

Arbeitsposition eines Fluglotsen (CWP)

SDD		ATCISS
AMAN		METFROG
ISIS		FuFeNot
WACOM (PSS Eingabetool)		

Flugverkehrsdienste (FVK) und Fluginformationsservice (FIS)

Kontrollierter Verkehr (FVK)	Unkontrollierter Verkehr (FIS)
Meist Airliner an Verkehrsflughäfen	Kleinflugzeuge an Landeplätzen
Professionelle Piloten	Sehr unterschiedliche Qualifikationen der Piloten
Freigaben durch Fluglotsen	Nur Informationen zur Flugdurchführung
Staffelung	Verkehrsinformation
Verantwortung beim Lotsen	Verantwortung beim Piloten
Meist nach Instrumentenflugregeln (IFR)	Sichtflugregeln (VFR)
Wetterunabhängig	Stark wetterabhängig
Funk-Sprache: Englisch	Funk-Sprache: Deutsch und Englisch

Krisenmanagement Hessen

Kabinett

Leitungsebene

Krisenstab der Landesregierung

Staatskanzlei, Ministerien

Landesoberbehörde

Polizeipräsidien   Regierungspräsidien

Landkreise, kreisfreie Städte, PD

Krisenzentrum

Aufbau und Gliederung Krisenmanagement Hessen

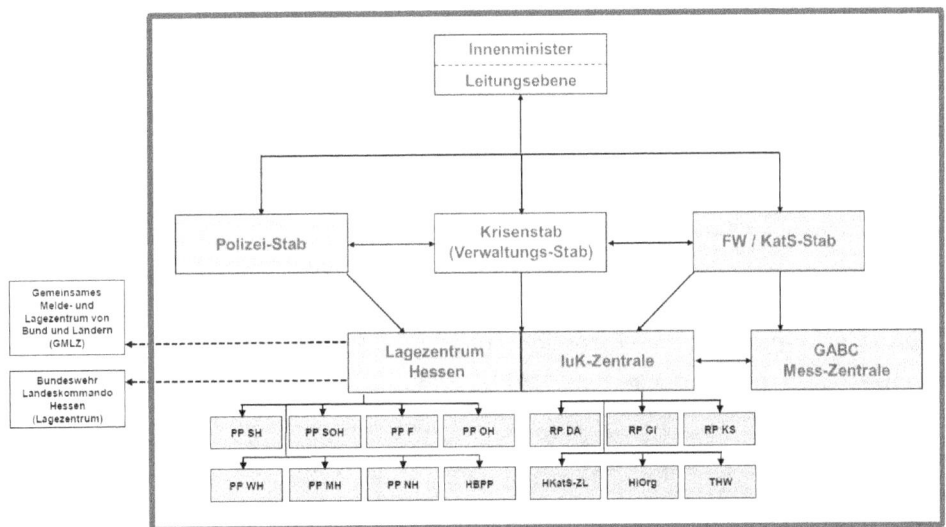

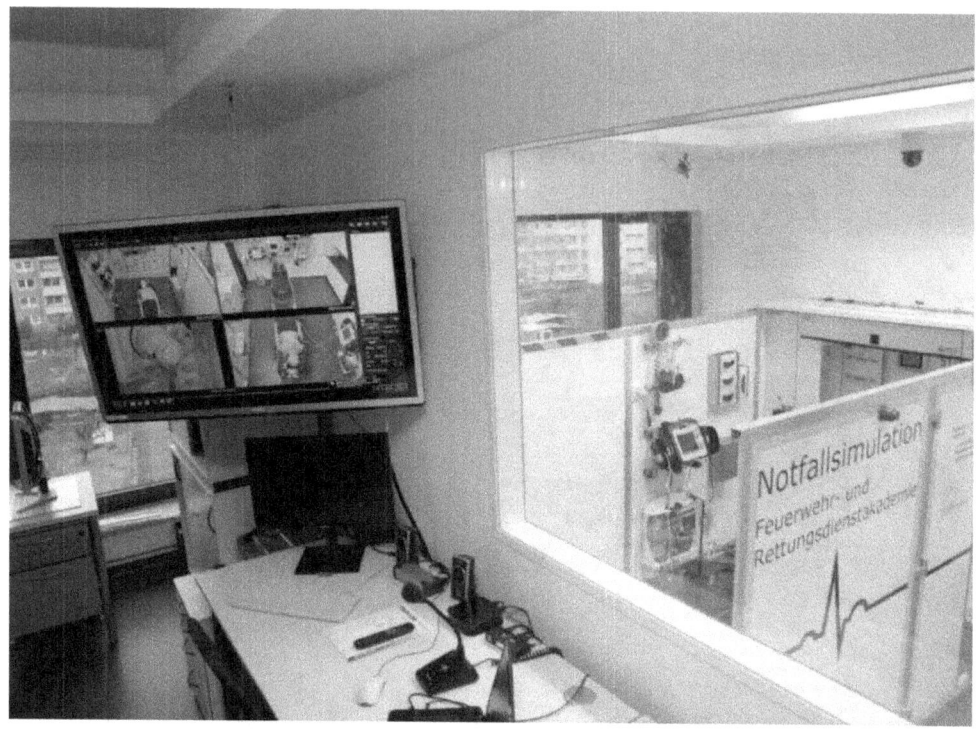

Die Räumlichkeiten des Frankfurter Instituts für Rettungsmedizin & Notfall-versorgung verfügen über einen **RTW-Simulator.** Dies ist ein den Originalmaßen eines Rettungstransportwagens entsprechender Übungs-raum, in dem die Simulationsteilnehmenden selbstständig unter den ihnen gewohnten Bedingungen an einem Simulationstrainer oder evtl. auch an einem „realen" Patienten bzw. einer Patientin vorher festgelegte Simulationsfallbeispiele abarbeiten können.

Wichtigster Hintergrund der Simulation ist die Liveübertragung der Übungssequenz in Unterrichtsräume und die videogestützte Nachbesprechung des abgehandelten Falles für die aktiven Teilnehmenden.

Die Durchführung der Simulation wird aus dem direkt angrenzenden Regieraum gesteuert und überwacht.

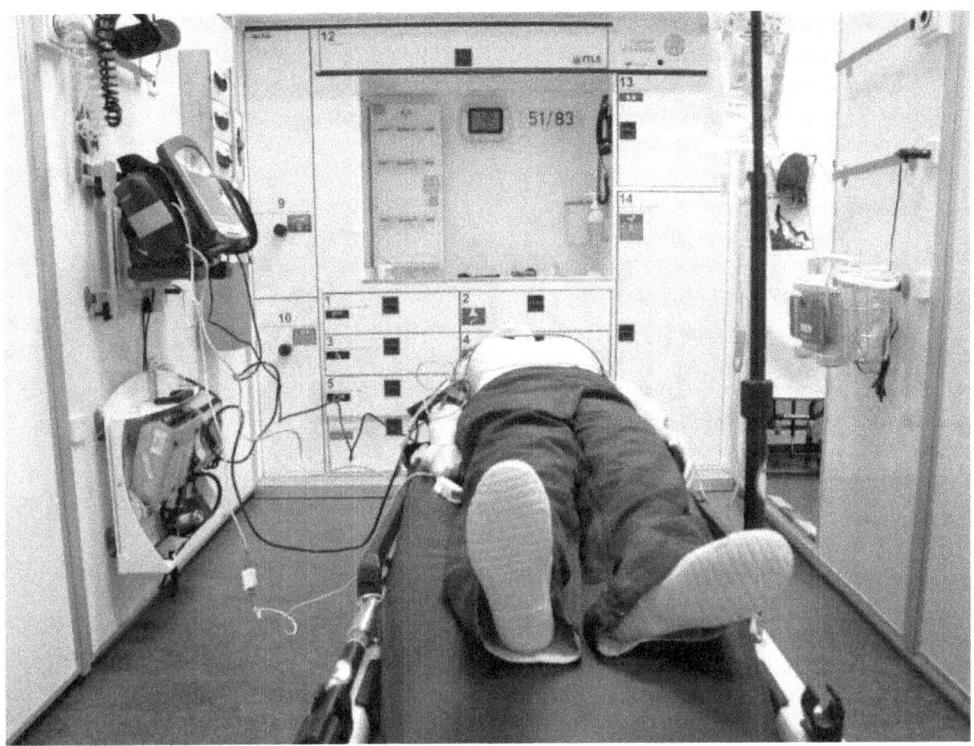

Neben dem RTW-Simulator wurde im FRTC auch ein **Schockraum-Simulator** installiert.

Dieser kann für das Training von klinischem Personal auch als Notaufnahme oder Intensivstation genutzt werden. Wie auch der RTW-Simulator ist der Schockraum kameraüberwacht und kann so ohne Probleme in das allgemeine Simulationstraining integriert werden.

Der Fokus in diesem Bereich liegt auf Übergabeszenarien, welche die Kommunikation unterschiedlicher Fachrichtungen und Arbeitsbereiche aufzeigen und verbessern sollen. Grundlage hierfür bieten die CRM-gestützten und selbst entwickelten Szenarien.

Diese entstanden in enger Zusammenarbeit mit der berufsgenossenschaftlichen Unfallklinik Frankfurt am Main.

Einsatzfahrten unter Nutzung von Sonder- und Wegerechten sind teilweise mit großen Risiken verbunden.

Aus diesem Grund müssen die Angehörigen der Feuerwehren und Rettungsdienste speziell auf diese Aufgabe vorbereitet werden. Zur Ergänzung des Schulungsprogramms für die Alarmfahrtschulung wurde im FRTC ein Fahrsimulator installiert, der mithilfe von zwei realen Fahrzeugkabinen eine möglichst realistische Trainingsumgebung schaffen soll.

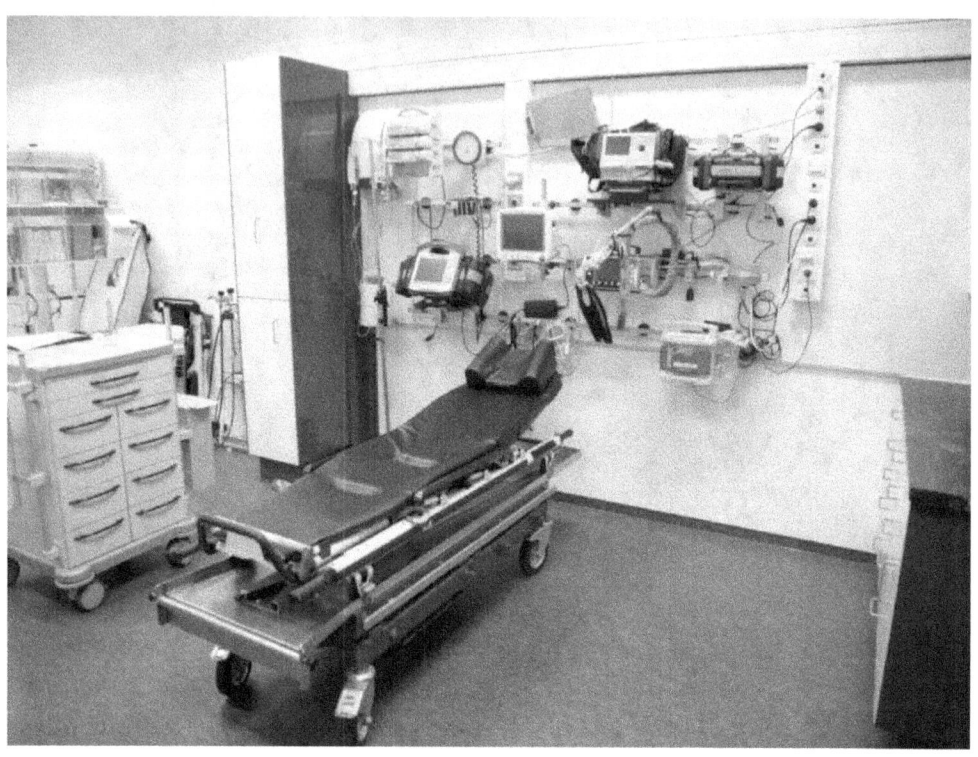

Zur Verfügung stehen eine Kabine der aktuellen Rettungswagengeneration sowie eine Kabine der neuen Generation des Frankfurter Hilfeleistungslöschfahrzeugs. Um der Realität möglichst nahezukommen, wurden beide Fahrzeuge im Inneren mit den gleichen Schalt- und Bedienelementen wie die echten Fahrzeuge ausgestattet, jeder Schalter bewirkt somit im Simulator die gleiche Funktion wie beim Original.

Die der Simulation hinterlegten dynamischen Bewegungsmodelle unterscheiden sich ebenfalls bei beiden Fahrzeugen, sodass das reale Fahrverhalten beider Fahrzeugtypen mit den dazugehörigen Beschleunigungs- und Bremswerten realistisch wiedergegeben wird. Beide Kabinen sind auf einem Drehgestell montiert, die jeweils zum Einsatz kommende Fahrzeugvariante wird mithilfe eines Elektromotors vor die Projektionswand gedreht. Das Sichtfeld umfasst einen Winkel von 200 Grad, damit auch beim Blick aus dem Seitenfenster die im Original vorherrschende Verkehrssituation wahrgenommen werden kann.

Der Fahrlehrer kann mithilfe der Steuerungssoftware die Wetter-, Sicht- und Tageslichtverhältnisse ändern. Dies führt dazu, dass sich beispielsweise der Bremsweg bei Regen oder Schnee entsprechend verlängert.

Die Möglichkeit von Rangier- und Rückwärtsfahrübungen komplettiert das Angebot im Fahrsimulator, sodass hiermit ein wertvolles Werkzeug zur Ergänzung der Fahrschulausbildung zur Verfügung steht.

Die Stadt Frankfurt am Main verfügt über eine große Anzahl von Sonderbauten, die mit einem **Feuerwehraufzug** ausgestattet sind.
Dieser bildet, gerade in den zahlreichen Hochhäusern, einen wesentlichen Teil des Angriffswegs für die anrückenden Einsatzkräfte. Die sichere Bedienung und Handhabung einer Feuerwehraufzugsanlage konnte bisher nur unter Einschränkung des regulären Betriebs in einem Sonderbau gelehrt werden. Aus diesem Grund wurde der im Akademiegebäude des FRTC vorhandene Personenaufzug mit den Bedienelementen eines Feuerwehraufzugs ausgestattet. Hierzu zählen unter anderem die Schaltungen für die Vorrangfahrt sowie die manuelle Türsteuerung, aber auch eine Dachausstiegsluke und eine Gegensprechanlage.
Somit können nun gezielt alle notwendigen Handgriffe sowie alle Notfallroutinen wie beispielsweise die Selbstbefreiung realitätsnah geübt werden.

19. Autoren

Becker, Cleo, Dr.

Dr. Cleo Becker ist Linguistin, Erziehungswissenschaftlerin, Psychologin und ScrumMasterin. Sie arbeitet seit mehreren Jahren mit Team HF in verschiedenen Projekten zum Bevölkerungsschutz, u. a. als wissenschaftliche Mitarbeiterin der Forschungsstelle interkulturelle und komplexe Arbeitswelten der Universität Jena. Als ScrumMasterin arbeitet sie für die Firma Pentaeder in Software-Entwicklungsprojekten. Ihre Schwerpunkte sind Kommunikation, Interkulturelle Kommunikation und Teamentwicklung, aber auch grundlegende Themen zu Führung und Projektmanagement. Bezüglich Stabs- und Krisenmanagement führt sie Seminare in unterschiedlichen Bereichen durch.

Beer, Peter

Capt. ret., M. Sc., Flugunfalluntersucher IFALPA akkreditiert, ehemaliger Pilot auf B 737 und A 320; Lehrbeauftragter Fachhochschule Joanneum Graz für Sicherheits- und Risikomanagement. Wohnt in Hinterbrühl/Niederösterreich südlich von Wien.

Bockslaff, Klaus, Dr. jur.

Dr. jur. Klaus Bockslaff LL.M. (Ind.) ist erfahrener Risiko- und Krisenmanager und Geschäftsführer der Verismo GmbH, Küsnacht und Verismo Consulting GmbH, Mannheim. Er nahm als Experte der SNV (Schweizer Normen-Vereinigung) an den Verhandlungen der ISO zur Entwicklung der neuen Norm zum Krisenmanagement DIN ISO 22361 teil. Zudem leitet er den Arbeitskreis Krisenmanagement der Risk Management & Rating Association e. V. (RMA). Dieser Arbeitskreis arbeitet derzeit an einem Leitfaden zur Umsetzung der ISO 22361.

Flatschart, Christian

Capt., Flugunfalluntersucher IFALPA akkreditiert, aktuell Pilot und Fluglehrer auf Boeing 767, vormals Airbus A320/A330/A340. Spezialist zur Bewertung operationeller Flugrisiken. Sicherheitstrainer bei AssekuRisk Safety Management GmbH. Wohnt in Wien Liesing.

Gahlen, Matthias

Leitender Branddirektor a. D. - Dipl.-Ing. Beratender Ingenieur „Büro für Brandschutz und Krisenmanagement, Lünen", 1991 bis 2022 Berufsfeuerwehr Stadt Dortmund dort von 2004 bis 2022 Leiter der Stabsstelle „Geschäftsführung des Krisenstabes", seit 2004 Gastdozent am Institut der Feuerwehr in Münster zu Krisenstabs-ausbildung, Verschiedene Veröffentlichungen zu Krisenstäben (u. a. Krisen-management – Planung und Organisation von Krisenstäben, Handbuch Stabsarbeit).

Garbe, Sven

Sven W. Garbe, Bachelorstudium „Gefahrenabwehr/Hazard-Control" an der Hochschule für angewandte Wissenschaften, Masterstudiengang „Sicherheit und Gefahrenabwehr" mit der Vertiefung Brand- und Bevölkerungsschutz an der OVGU Magdeburg. Seine Abschlussarbeiten schrieb er über die Auswertung von menschlichen Faktoren in der Stabsarbeit nichtpolizeilicher Organisationen. Seit 2010 ehren- und hauptamtlich in Feuerwehr und Rettungsdienst tätig. Von 2021 bis 2022 absolvierte er die Laufbahnausbildung des zweiten Einstiegsamtes der Laufbahngruppe zwei des feuerwehrtechnischen Dienstes bei der Feuerwehr Münster in Nordrhein-Westfalen und ist als Brandrat in der Abteilung strategische und taktische Planung tätig.

Heimann, Rudi (Hrsg.)

Rudi Heimann ist Polizeivizepräsident im Polizeipräsidium Südhessen. Er veröffentlicht regelmäßig zu Themen wie Entscheidungsfindung in sicherheitskritischen Situationen, Gewaltprävention oder Stabsarbeit und führt Trainings zu diesen Themen durch. Er unterrichtet polizeiliches Einsatzmanagement, Kriminologie und Führungslehre an der Hessischen Hochschule für Polizei und Verwaltung, ist Gastdozent im BKA und der DHPol sowie Herausgeber und einer der führenden Kommentatoren des Handbuchs zur Polizeidienstvorschrift 100 VS-NfD – Führung und Einsatz der Polizei. Er ist Vorstandsmitglied der Plattform "Menschen in komplexen Arbeitswelten" e. V.

Hofinger, Gesine, Dr.

Prof. Dr. Gesine Hofinger, Diplompsychologin, ist Professorin für Psychologie im Bevölkerungsschutz an der Akkon Hochschule für Humanwissenschaften Berlin. sowie Partnerin von Team HF - Hofinger, Künzer & Mähler PartG in Ludwigsburg. Gesine Hofinger verbindet Human Factors, Psychologie sicheren Handelns und Krisenmanagement mit Handlungs-, Arbeits- und Organisationspsychologie. Der Schwerpunkt ihrer Arbeit liegt auf Handeln in Kritischen Situationen, vorrangig in der Bereichen Bevölkerungsschutz, Krisenmanagement und Patientensicherheit. Sie lehrt und forscht, führt Seminare und Workshops durch und publiziert als Autorin und Herausgeberin (z. B. Handbuch Stabsarbeit, mit R. Heimann, 2022 bei Springer). Seit 1999 ist Gesine Hofinger als Vorsitzende in der Plattform „Menschen in komplexen Arbeitswelten" e. V. engagiert.

Hörnberger, Chris (Hrsg.)

Kriminalhauptkommissar, B. A., Pressereferent im Hessischen Ministerium des Innern und für Sport. Zuvor Mitarbeiter des Abteilungsstabes des Landespolizei-präsidiums, Leiter des Ressort Polizei in einem Haus des Jugendrechts in Frankfurt am Main und Mitarbeiter des Sofort- und Sonderlagenstabs; Gastdozent an der hessischen Hochschule für Polizei und Verwaltung für polizeiliches Einsatzmanagement. Veröffentlichungen im Bereich Amoklauf/School Shooting und Bewältigung von Krisensituationen sowie Gewaltprävention in Erziehung, Schule und Verein. Er ist als lizensierter Gewaltschutztrainer für unterschiedliche Berufsgruppen in den Bereichen Konflikt- und Krisenbewältigung tätig.

Huber, Eberhard, Dr.

Eberhard Huber ist Physiker, Projektleiter, Inhaber des Beratungsunternehmens pentaeder sowie Lehrbeauftragter für Projektmanagement, Teamentwicklung und Teamleitung an der Hochschule der Medien in Stuttgart, zuvor Lehrbeauftragter für Projektmanagement an der Uni Magdeburg und Uni Mannheim. Neben aktiver Forschung im Feld Projektmanagement arbeitet er in konkreten Projekten als externer Projektmanager unter anderem für das Bundesamt für Migration und Flüchtlinge, das Bundesfinanzministerium und das Bundesverwaltungsamt.

Jäger, Tamara, M. Sc.

Tamara Jäger forscht seit 2017 aktiv zur Belastbarkeit, Leistungsfähigkeit und Stressprävention in Einsatz- und Hochleistungsteams mit Fokus auf Resilienzförderung und Personalführung in polizeilichen Spezialeinheiten. Sie ist Mediatorin (univ. geprüft), arbeitet freiberuflich als Lehrbeauftragte und hält Vorträge u.a. für Führungskräfte der Polizei. Seit 2022 ist sie Mitglied der „Plattform Menschen in komplexen Arbeitswelten" e. V.

Schaub, Harald, Prof. Dr. habil. Dr. phil.

Harald Schaub, ist seit 2005 in verschiedenen Managementpositionen bei der IABG mbH in Ottobrunn bei München tätig u. a. als Programm Manager für Human-System Integration und als Leiter der IABG-Akademie. Seit 2000 hat er an verschiedenen Universitäten Psychologie und Kognitionswissenschaften in Lehre und Forschung vertreten, aktuell an der Otto-Friedrich-Universität in Bamberg. Dr. Schaub forscht und publiziert zum Thema Mensch und Technologie, z. B. zu Unfallursachen oder zur Optimierung der Human-Machine Interfaces. Seit vielen Jahren arbeitet er als freiberuflicher Trainer und Berater für Firmen und Führungskräfte für das Thema Handeln und Entscheiden in komplexen Situationen. Er ist Gründungs- und ehemaliges Vorstandsmitglied des Vereins "Menschen in komplexen Arbeitswelten e. V.

Schleidt, Bettina, Prof. Dr.

Prof. Dr. Bettina Schleidt ist Diplom-Psychologin und hat an der Technischen Universität Kaiserslautern im Bereich Ingenieurpsychologie promoviert. Sie ist Yogalehrerin und Berufshubschrauberpilotin und hat mehr als 20 Jahre im DRK Kreisverband Offenbach/M. u. a. als Kreisbereitschaftsleitung, als Fachberaterin im Katastrophenschutzstab der Stadt Offenbach und als Notfall-Psychologin gearbeitet. Ihre Schwerpunkte liegen aktuell in Coaching, Beratung sowie Aus- und Weiterbildung zu Themen wie Angewandte Wirtschaftspsychologie, Notfall-psychologie und Krisenintervention, Human Factors, Crew Ressource Management (CRM), Personal- sowie Persönlichkeitsentwicklung. Sie ist u. a. Mitglied in der European Association for Aviation Psychology (EAAP) und Luftfahrt-Psychologin.

Schlittenhardt, Walter, Dr.med.

Dr. Walter Schlittenhardt war bis Ende 2018 Chefarzt für Anästhesie, Intensivmedizin und Notfallmedizin an den Alb Fils Kliniken, Landkreis Göppingen. Außerdem viele Jahre begeisterter Privatpilot. Schwerpunkt der Tätigkeit war neben den täglichen Aufgaben der medizinischen Behandlung seiner Patienten, die Patientensicherheit. Im Ruhestand leitet er ehrenamtlich das „Klinikübergreifende Ethikkomitee" der Alb Fils Kliniken (AFK) Göppingen. Das Komitee war besonders in der Corona Pandemie gefordert. Unter anderem musste sich das Team mit der - sehr belastenden - Frage auseinandersetzen, wie wir selektieren, wenn nicht mehr alle Patienten gleich gut behandelt werden können. Die Frage der Triage.

Schnauber, Martin, Dr. rer. nat., Dipl.-Chem.

Martin Schnauber ist als Senior Consultant bei der Verismo GmbH tätig. Er verantwortet die Themenbereiche Notfall- und Krisenmanagement als Berater und Dozent in Seminaren und Schulungen. Martin Schnauber bringt eine 15-jährige praktische Berufserfahrung als hauptamtlicher Notfallmanager in einem großen Industriepark mit 90 Unternehmen und 22 000 Mitarbeitern der chemischen und pharmazeutischen Industrie mit.

Strohschneider, Stefan, Prof. Dr. phil., Dipl.-Psych.

Studium der Geschichte und Psychologie in München und Bamberg, danach wissenschaftlicher Mitarbeiter an der Projektgruppe Kognitive Anthropologie der Max-Planck-Gesellschaft und am Institut für Theoretische Psychologie der Universität Bamberg. Gründungsmitglied der „Plattform". Seit 2005 Professor für interkulturelle Kommunikation an der Friedrich-Schiller-Universität Jena. 2013 Gründung der „Forschungsstelle interkulturelle und komplexe Arbeitswelten (FinkA)", Mitarbeit in verschiedenen Forschungsprojekten in den Bereichen Seefahrt, Luftfahrt, zivile Sicherheit und Medizin. Aktuelle Forschungsschwerpunkte sind Interkulturelle Teamarbeit, Affiliation und Psychological Safety sowie die Entwicklung und Evaluation handlungsorientierter Trainingsformen.

Strub, Friederike

Friederike Strub ist als Coach, Supervisorin & Organisationsentwicklerin freiberuflich tätig. Sie beschäftigt sich seit 2016 mit Ambiguitätstoleranz und dem Umgang mit Komplexität in verschiedenen Arbeitsfeldern wie der Palliativmedizin, in Wirtschaftsunternehmen, der Demokratiebildung oder der Kunst. Sie begleitet Menschen in der persönlichen Auseinandersetzung und Entwicklung, Teams und Gruppen in Handlungsrahmen und Organisationen in Kultur- und Strukturentwicklungen zum Umgang mit Komplexität. Im Rahmen der Demokratiebildung führt sie ein Seminar zu Entscheidungen in komplexen und dynamischen Situationen durch und ist Dozentin im Masterstudiengang „Beratung in der Arbeitswelt" in Frankfurt zum Thema Agile Organisationsentwicklung. Mit Sarah Boost verantwortet sie die Website www.i-love-complexity.com. Sie ist Mitglied der Gilde Agile Organisationsentwicklung und der DGSv (Deutsche Gesellschaft für Supervision & Coaching).

Weiss, Edgar. Dr.

Prof. (FH) Dr. Edgar Weiss hat eine Professur und Fachbereichsleitung für Change-Management sowie für Sozial- und Methodenkompetenz an der Fachhochschule für Wirtschaft, Finance und Management des BFI Wien. Es ist langjähriger Berater und Trainer u. a. für das Controller-Institut und für Contrast Management-Consulting sowie Fakultätsmitglied an den Verwaltungsakademien des österreichischen Bundes und der Stadt Wien

26. Plattform Jahresworkshop –
Ausbildung und Training für komplexe Situationen

15. bis 17. Mai 2024	München, Schloss Fürstenried
Exkursionen (Plan):	BMW / Feuerwehr München

Max. 80 Teilnehmer | **Meldeschluss Teilnahme: 30.03.2024** | Anmeldung: jahrestagung@plattform-ev.de

www.ingramcontent.com/pod-product-compliance
Lightning Source LLC
Chambersburg PA
CBHW082212290526
45794CB00009B/3510